KB202567

예수님을
보여주세요

기독교에 대한 29가지 질문들

예수님을 보여주세요

ⓒ 박연우, 2024

초판 1쇄 발행 2024년 10월 18일

지은이   박연우
펴낸이   이기봉
편집   좋은땅 편집팀
펴낸곳   도서출판 좋은땅
주소   서울특별시 마포구 양화로12길 26 지월드빌딩 (서교동 395-7)
전화   02)374-8616~7
팩스   02)374-8614
이메일   gworldbook@naver.com
홈페이지 www.g-world.co.kr

ISBN   979-11-388-3608-1 (03230)

기독교에 대한
29가지 질문들

예수님을 보여주세요

박연우 지음

그 일을 주님께서 기뻐하시니

성경 속 인물
질문들

성경 내용
질문들

성령에 대한
질문들

좋은땅

　박연우 선교사님은 남편 임용재 선교사님과 함께 17년 동안 캄보디아와 아르헨티나에서 헌신적으로 선교 사역을 하시고, 지금은 은퇴하신 귀한 분입니다. 특히 어린이와 청소년을 비롯해 다음세대를 품고 그들에게 복음을 전하는 사역을 감당하셨습니다.

　이 책은 그동안 사역하면서 깨닫고 나눈 성경 속의 여러 질문에 대한 답을, 알기 쉽고 명쾌하게 정리해 놓았습니다. 영혼을 사랑하며 나눈 열정과 사랑이 고스란히 담겨 있음도 발견할 것입니다.

　크리스천이면서도 기본기가 흔들리는 많은 성도들이 오늘을 살고 있습니다. 이 책을 통해 신앙생활을 하며 가질 수 있는 기본적인 질문에 대한 해답을 찾을 수 있을 것이고, 선교지 뿐만 아니라 교회의 성도님들께도 도움이 될 것이라고 확신합니다.

토론토 큰빛교회 담임목사 노희송

이 책의 저자인 박연우 선교사님과 남편 임용재 선교사님을 뵈었던 때가 지금도 눈에 선합니다. 당시 저희들은 아르헨티나 단기 선교에 참여했었고, 부에노스아이레스 근교 빈민가에서 어린이들과 청소년들을 가가호호 방문하며 복음을 전하고 말씀을 가르치시는 두 분의 모습에 신선한 도전을 받았습니다. 겸손하면서도 담대하게 복음 사역을 감당하시는 두 분을 보며, "어쩌면 우리는 선교지를 방문하러 온 것이 아니라, 선교사를 만나러 온 것인지도 모른다."라고 말했던 기억이 납니다.

저자는 성령님의 인도하심에 민감한 기도의 사람입니다. 17년을 선교지에서 헌신하며 친밀하게 주님과 동행한 사람입니다. 이 책은 저자의 깊은 영성과 복음에 대한 열정에서 비롯된 산물입니다. 여러 다양한 사람들에게 복음을 전하며 대화한 내용들을 보면, 영혼에 대해 긍휼히 여기는 저자의 마음을 느낄 수 있습니다.

저자는 탁월한 필력으로 기독교의 여러 가지 이해하기 힘든 주제들을 거침없이 명쾌하게 짚어 내며 설명하고 있습니다. 그래서 이 책은 기독교에 대한 궁금증을 가진 비신자뿐만이 아니라, 개인 전도에 관심과 열정이 있어 스스로를 준비하기 원하는 성도들에게도 많은 도움이 될 것입니다. "예수님을 보여주세요"를 통해 하나님의 영광과 복음의 능력을 볼 수 있기를 소망하며, 이 책을 적극 추천합니다.

토론토 큰빛교회 다운타운 담당목사 김성민

"예수님을 보여줘 봐. 그러면 믿을게." 라고 말하는 사람들이 더러 있습니다. 그런 말을 들으면, 정말 예수님을 보여 주고 싶다는 생각이 듭니다. 사복음서에 나오는 예수님의 모습은 내게는 너무나도 멋지고 아름다운 모습입니다. 그러나 예수님이 인간으로 이 땅에 사셨던 그 당시에도 예수님을 믿고 따랐던 사람들보다, 예수님을 배척하고 대적했던 사람들이 더 많았습니다. 예수님을 보여 달라고 말하는 그들 앞에, 지금 당장 예수님이 나타나신다고 해도 그들이 믿음을 가질까 생각해 보게 됩니다.

육적인 인간이 하나님을 믿는다는 것만큼 큰 기적은 없습니다. 돌이켜 보면 나 역시 예수님을 보여 달라고 요구했던 사람이었습니다. 눈에 보이는 것만을 믿었고, 나의 생각과 상식의 차원에서 모든 것을 판단하려 했기 때문입니다. 성경을 읽어 보지도 않았으면서 믿지 못한다고 말했습니다. 기독교에 대해서 전혀 알지도 못한 채, 무조건 거부감을 가졌던 것입니다. 나의 판단만이 옳다고 고집했던 그 이면에는 큰 교만이 나를 사로잡고 있었다는 생각이 듭니다. 그래서 믿음을 가지는 데 시간이 많이 걸렸던 것 같습니다.

그 후 교회에 다니면서도 의문이 많은 신자였습니다. 모든 일에 왜? 라는 물음을 달고 살았던 것 같습니다. 성경을 읽을 때도 그 버릇이 그대로 남아 있었는데, 오히려 그것이 성경을 깊이 묵상하는데 도움이 되고 있다는 생각이 들어 신기합니다. 성경을 너무 익숙하고 당연하게 읽게 되면 놓치는 부분들이 있습니다. 때로는 낯선 시선과 질문을 가지고 성경을 읽는 것이 필요하다는 생각이 듭니다.

이 책을 쓰게 된 계기는 몇몇 성도들의 질문에 대한 답을 글로 써주는 것이었습니다. 처음에는 한 사람만을 위한 글이었는데, 그 질문들이 많은 사람들의 공통적인 질문이라는 것을 알게 되었습니다. 또 믿음이 없을 때 내가 가졌던 의문들이나, 교회의 새 신자들이 내게 했던 질문들을 기억하며 이 글을 썼습니다. 또 성경을 깊이 묵상하며 떠오른 질문들에 대해서도, 기도하며 성령님께 답을 구했습니다. 그렇게 성령님께 묻고, 깨닫게 되는 과정들을 기록했습니다. 잘 이해가 안 되던 내용들이 반짝 불이 켜지듯 깨닫게 될 때의 기쁨이 얼마나 큰지 모릅니다. 그 깨달은 내용들이 내 수준을 넘어섰다는 생각이 들 때가 많았습니다. 그래서 그 깨달음이 나의 생각일 수가 없고, 성령님의 인도라는 것을 확실히 알 수 있었습니다. 때로는 내면의 음성으로 직접 말씀해 주시기도 하고, 성경구절을 말해 주시거나, 성경 속의 장면을 떠 올려 주시기도 합니다. 성경의 말씀들이 내 삶 속으로 깊숙이 들어오는 체험을 하게 됩니다. 말씀을 통해 나를 발견하고, 회개하고, 감사하고, 내가 해야 할 일들을 알게 됩니다. 그것이 성경묵상의 묘미라는 생각이 듭니다. 나 역시 긴 의심의 시간들을 거쳤지만, 이제는 성경 속에 나타난 예수님을 실제로 본 것처럼 느끼고 있습니다. 그리고 내 안에 계신 예수님과 친밀한 교제를 나누고 있습니다.

성경에는 사람들이 보고 믿을 수 있는 예수님이 있습니다. 예수님을 보여 달라는 분들과, 여러 가지 의심을 가지고 있는 분들이 예수님을 만나기를 바랍니다. 성령님의 인도로 말씀을 묵상하며 얻게 된 깨달음들을 함께 나누고 싶습니다. 아직도 나는 성경의 내용에 대해서 많은 질문들을 가지고 있습니다. 이제는 의심이 아닌, 예수님에 대해 더 잘 알고 싶은 질문들입니다. 그 질문들을 풀어 나가며 주님을 알아가고, 주님을 더욱 사랑할 수 있게 되리라 생각합니다.

나와 남편은 2007년 1월 토론토 큰빛교회에서 캄보디아 선교사로 파송을 받았습니다. 캄보디아의 남쪽 끝에 있는 깜봇이라는 곳에서 개척교회를 시작했습니다. 교회를 개척하고 2년 가까이 되었을 무렵이었는데, 강력한 성령체험을 하게 되었습니다. 그리고 기도 중에 아르헨티나가 새로운 선교지라는 응답을 받았습니다. 캄보디아에서 사역을 하는 동안 가장 어려웠던 것이 언어였습니다. 함께 동역하는 현지인 전도사님의 설교를 전혀 알아들을 수가 없었고, 교인들과도 소통이 되지 않았습니다. 선교하기 위해 언어가 얼마나 중요한지 절감하고 있을 무렵이었습니다. 아르헨티나는 우리가 젊은 시절 20여 년을 살았던 곳이기에, 언어가 어느 정도 되는 곳이었습니다.

그렇게 우리 부부는 2009년부터 아르헨티나에서 선교를 했습니다. 12년 정도 되었을 무렵이었는데, 성령님께서 몇 년 후에 다시 아르헨티나를 떠나라는 말씀을 주셨습니다. 남편은 이제 좀 뭔가 알 것 같은데, 떠나라고 하시니, 많이 아쉬워했습니다. 그래도 말씀에 순종할 수밖에 없다고 생각하며, 마무리를 잘 할 수 있게 해 달라는 기도를 드렸습니다. 그 때 성령님이 말씀하셨습니다.

"마무리는 내가 한다."

예상치도 않았던 주님의 대답에 나는 깜짝 놀랐습니다. 그 말씀에 복합적인 의미가 있을 것이라는 생각은 들었지만, 답답했던 마음이 오히려 편안해졌습니다. 주님께서 마지막까지 책임을 지실 것이기 때문입니다. 한 사람 한 사람의 믿음과 마음을 주장하시는 분은 주님이시기 때문입니다. 동시에 나는 그렇게 말씀하신 주님의 마음은 무엇일까 계속해서 곰곰이 생각해 보았습니다.

주님은 내 마음의 깊은 곳까지 꿰뚫어 보는 분이시니, 내 마음을 간파하신 것 같습니다. 사실 나는 마무리를 잘 하게 해달라는 기도를 하면서도, 내가 원하는 마무리를 할 수 없다는 것을 잘 알고 있었습니다.

우리 부부는 빈민촌에서 가정 가정을 방문하며 예배를 드리고 말씀을 가르치는 가정교회 사역을 하고 있었습니다. 빈민촌의 특성상, 제대로 된 현지인 지도자도 세우지 못했고, 그 사역을 이어갈 후계자도 없었습니다. 우리와 처음부터 함께 동역했던 장정선 전도사가 극히 일부를 인계받기는 했지만, 그 많은 가정들과 600여 명이 넘는 어린이와 청소년들을 감당하기는 힘들었습니다. 또 부에노스아이레스에 있는 한인교회 두 군데에서 자주 와서 돌보아 주겠다는 약속은 했지만, 마치 그들을 고아처럼 내버려 두고 떠나가는 느낌이 들어 마음이 편하지 않았습니다.

아르헨티나에서 선교하는 동안, 교회 개척을 위해 기도를 많이 했지만, 허락하지 않으셨습니다. 가정교회 사역을 하면서 가정이 늘어날수록, 한계를 느끼게 되었습니다. 주로 어린이들과 청소년들을 가르쳤는데, 제대로 가르치려면 교회가 꼭 필요하다는 생각이 들었습니다. 온 가족이 교회에서 함께 믿음 생활을 해야 믿음이 성장할 거라는 생각이 들었습니다. 나는 간절히 기도를 드렸습니다.

"주님, 교회를 개척하게 해 주세요. 가정교회 사역에 너무나도 큰 한계를 느끼게 됩니다."

그런데 주님께서는 생각지도 못했던 대답을 하셨습니다.

"연우야, 모든 사역에는 다 한계가 있고, 모든 사역은 다 부분적이고 불완전하다."

그리고 주님은 우리가 하고 있는 가정교회 사역을 기뻐하신다고 말씀하셨습니다. 우리가 14년 동안 교회도 없이, 겉으로는 아무것도 보이지 않는 사역을 감당할 수 있었던 것은 그런 주님의 위로와 격려가 있었기 때문이라는 생각이 듭니다. 우리가 위축되거나 영적 침체에 빠져 있을 때마다, 엘리야에게 해 주셨듯이 부드럽게 어루만져 주시고, 깨어나게 하셨습니다.

사역 초기에 그 지역을 위해 기도하는데, 그 땅이 마치 소돔과 고모라 같다는 생각이 들었습니다. 교육열은 전혀 없고, 빈곤과 성적 문란함으로 깨어진 가정들..... 도대체 무엇을 어떻게 해야 할지, 어디서부터 손을 대야할지 너무 막막하다는 생각이 들어 눈물만 쏟아졌습니다.

"주님, 그들을 불쌍히 여겨 주세요. 그들을 어떻게 합니까? 저대로 내버려 두어도 되나요? 무엇을 해야 합니까?"

울면서 안타깝게 기도하고 있는데, 주님께서 말씀하셨습니다.

"연우야. 네가 세상을 바꾸겠느냐? 주님은 이미 승리하신 분이 아니냐?"

정말로 놀라운 말씀이었습니다. 그리고 큰 위로가 되는 말씀이었습니다. 이 말씀을 통해 많은 것을 깨달을 수 있었습니다. 나는 온 세상을 걱정할 필요가 없었습니다. 내가 걱정한다고 세상을 바꿀 수도 없습니다. 내가 할 수 있는 작은 일, 주님께서 하라고 하시는 작은 일들, 그 일만 하고 있으면 주님께서 승리를 이루어 주시는 것입니다. 내 입에서 저절로 고백이 흘러 나왔습니다.

"승리하신 주님. 감사합니다. 주님께서 승리하셨으니 저는 아무 것도 걱정할 게 없습니다. 비록 제가 하는 일이 넓은 바다에 물 한 방울 보태는 일이라 할지라도, 그 일을 주님께서 기뻐하시니, 그 일을 하겠습니다. 제가 할 수 있는 작은 일, 그 일을 하겠습니다."

주님께서 "마무리는 내가 한다."고 말씀하셨으니, 선교지에 대한 많은 걱정과 미련을 내려놓고, 아무 걱정 없이 떠날 수 있다는 생각이 들었습니다. 사역하는 내내 우리에게 주신 교훈은 우리의 사역은 극히 부분적이고 한계가 있고 불완전하다는 것이었습니다. 주님께서 우리를 기뻐하시는 것은 우리가 이룬 성과가 아니라, 작은 순종 때문이라는 것이었습니다. 주님은 우리가 아무것도 아닌 존재라는 것을 항상 깨닫게 해 주셨습니다. 선교를 하는 내 내 주님과 깊은 교제를 할 수 있었던 것이 우리의 가장 큰 성과라는 생각이 듭니다. 비록 지금은 아무것도 눈에 보이지 않지만, 마지막 승리자이신 주님께서 언젠가는 열매를 맺어 주실 것입니다. 어디에 있건 나는 주님께서 맡겨주신 작은 일만 하면서 주님께서 이루시는 승리에 동참하면 되는 것입니다. 이제 새로운 시작이 왔고, 주님께서 펼쳐주실 다음이 궁금합니다.

박연우

차례

1

기독교에 대한
질문들

하나님은 왜 선악과를
만들었나요?

"왜 하나님은 선악과를 만들어서 사람이 죄를 짓게 하셨나요?"

교회의 한 청년이 내게 한 질문입니다. 그는 자신이 죄인이라는 사실을 인정하지 않았습니다. 자기는 남에게 베풀며, 선하게 살고 있다고 했습니다. 아담과 하와가 선악과를 따먹은 일 때문에, 모든 사람에게 원죄가 있다는 것을 이해할 수가 없다는 것입니다.

나 역시 교회에 다니면서도, 꽤 오랫동안 그 청년과 비슷한 생각을 했던 것 같습니다. 목사님의 설교를 통해 몇 가지 답을 듣기는 했지만 내 마음에 흡족하지는 않았습니다. 그 후 믿음이 생겨서인지, 그 질문들이 더 이상 문제가 되지는 않았습니다. 그러나 그 청년의 질문을 들으니 옛날에 내가 가졌던 질문들이 다시 떠올랐습니다. 초신자들이나 불신자들의 질문을 그냥 방치하기보다는, 그들의 눈높이에 맞춘 변증론적인 접근이 필요하다는 생각이 들었습니다. 기독교의 믿음은 내가 죄인이라는 것을 인정하는 데서 시작하기 때문에 이 질문의 중요성을 실감할 수 있었습니다.

나는 이 질문에 대한 설득력 있는 답을 주실 것을 기도하며, 창세기를 1장부터 세밀하게 읽기 시작했습니다.

동산 중앙에 선악과가 있어야 하는 이유는?

하나님은 태어날 아기를 기다리는 부모처럼, 사람에게 필요한 모든 것들을 미리 준비하십니다. 모든 것을 완벽하게 다 준비하신 후에, 마지막으로 사람을 만드십니다. 그리고 진정으로 기뻐하시며 사람을 축복하십니다.

"생육하고 번성하여 땅에 충만하여라. 땅을 정복하여라. 바다의 고기와 공중의 새와 땅 위에서 살아 움직이는 모든 생물을 다스려라."

창세기 2장에는 에덴동산에 대해 자세히 묘사되어 있습니다. 하나님은 아름답고 먹기 좋은 열매를 맺는 온갖 나무를 땅에서 자라게 하셨습니다. 에덴동산에서 강 하나가 흘러나와 동산을 적시고, 그 강이 네 줄기로 갈라져 온 땅을 돌아서 흘렀다고 합니다. 거기에서 질 좋은 금과 보석, 향료도 나왔다고 쓰여 있습니다. 아름답고 풍성하고 향기롭고 무엇 하나 부족한 게 없는 곳이었습니다. 여러 번 읽었던 창세기였는데 처음 읽는 것처럼 새롭게 느껴졌습니다. 살아 움직이는 것 같은 생동감 넘치는 표현에 놀랐습니다. 에덴동산의 모습이 아름답고 풍성하게 묘사되어 있었습니다.

하나님은 사람에게 모든 것을 풍족하게 주시고 자유를 주셨습니다. 금지한 것은 단 한 가지, 동산 중앙에 있는 선악과만은 먹어서는 안 된다고 하셨습니다. 모든 것을 허용하셨고, 금지한 것은 단 하나뿐이었습니다.

아담과 하와는 그 금지된 열매를 어떤 시선으로 바라보았을까 생각해 보았습니다. 그 나무가 동산 중앙에 있어야 할 이유는 무엇이었을까요? 중앙에 있었기 때문에 자주 눈에 띄었을 것입니다. 그 나무를 볼 때마다, 먹을 수 없다는 것을 생각했을 것이고, 동시에 그 열매를 금지하신 하나님을 생각했을 것입니다. 모든 것을 창조하신 하나님의 존재와, 피조물인 자신의 위치를 인식하게 해 주는 나무였습니다. 자신들이 하나님의 다스림을 받아야 하는 존재라는 것을 알게 해 주는 유일한 장치였습니다. 인간은 하나님의 다스림을 받을 때에만 하나님과 올바른 관계를 유지할 수 있게 되는 것입니다.

하나님은 생육하고 번성하여 땅에 충만하라고 사람을 축복하셨습니다. 번성하며 질서를 유지하고 살기 위해선 어떤 법이 필요했을 것입니다. 그 법은 그저 하나님의 말씀에 순종하는 것이었습니다. 그러나 모든 것이 허용된 상태에서는 순종이 무엇인지 알 수 없습니다. 순종이 무엇인지 알기 위해서는 '허용'과 반대되는 개념인 '금지'가 있어야 했습니다. 하나님은 금지의 개념인 선악과를 통해 순종을 가르치신 것입니다. "모든 것을 다 먹어도 된다."는 허용이었지만, "선악과는 먹으면 안 된다."는 금지였던 것입니다. 금지한 것을 지켜야만 순종이 지속될 수 있었던 것입니다. 하나님은 선악과를 통해 사람이 하나님의 피조물이라는 것과, 피조물인 사람은 하나님께 순종해야 한다는 것을 가르치신 것입니다.

사람을 왜 불순종하도록 내버려 두셨나요?

그렇다면 선악과를 만드신 이유에 대해서는 어느 정도 납득이 갑니다. 그러나 또 하나의 본질적인 질문이 생기게 됩니다. 두 번째 질문 역시 대부분의 사람들이 한 번쯤 생각해 보았을 질문입니다.

"능력 있는 하나님이라면 왜 사람을 불순종하도록 내버려 두셨나요?"

그 질문에 대한 답은 하나님이 사람에게 자유의지를 주셨기 때문입니다. 자유의지는 스스로 판단하고 결정하고 선택할 수 있는 권리입니다. 만약 하나님이 자신의 주권으로 절대 복종하도록 사람을 만들었다면, 인간이 과연 행복할 수 있을까 생각해 봅니다.

미래를 다 아시는 하나님은 인간의 불순종으로 죄가 들어올 수 있다는 것을 다 아셨을 것입니다. 그런 위험을 감수하고도 인간에게 자유의지를 주신 까닭은 무엇일까요? 그것은 인간을 진정으로 사랑하시기 때문입니다. 인간의 마음을 지배할 능력이 있는 분이지만, 로봇처럼 조종하기를 원하지 않으십니다. 사람의 마음을 존중하시고, 마음과 마음이 통하는 교제를 하기 원하십니다.

하나님은 자신의 형상대로 사람을 만들었습니다. 자신의 능력과 성품을 닮은 창조적인 존재로 만드신 것입니다. 하나님의 형상대로 만들었기 때문에, 인간에게는 하나님의 모든 장점이 내포되어 있습니다. 하나님은 우리가 그 장점을 최대한으로 끌어올리기를 원하시고, 기다리고 참아 주십니다.

하나님은 우리를 만들었기 때문에, 자녀 삼으시고 끝까지 사랑하십니다. 또한 자녀에게 사랑받기 원하십니다. 억지 사랑이 아니라, 마음과 마음이 통하는 인격적인 관계를 맺기 원하십니다. 사랑하는 존재에게 스스로 생각하고 선택할 수 있는 자유의지를 주는 것은 당연하다고 생각합니다. 그리고 진심으로 우러나오는 사랑의 고백을 받기 원하십니다.

하나님의 창조는 실패작인가요?

아직 질문이 끝나지 않았습니다. 세 번째 질문이 있습니다.

"선악과를 따 먹은 아담과 하와의 불순종으로 인해 하나님의 창조는 실패작이 되었나요?"

하나님의 천지창조는 창세기에서 끝났습니다. 그러나 하나님의 창조는 계속 전개되며 진행 중에 있습니다. 인류를 구원하기 위해 오실 예수님도 그 창조계획 속에 들어 있었습니다.

실패할 것을 뻔히 아시면서도 인간에게 자유의지를 주실 수 있었던 것은, 구원해 낼 자신이 있었기 때문이라는 생각이 듭니다.

어떤 위험에 빠질지라도 건져 낼 능력이 있기 때문입니다. 에덴동산의 중앙에는 금지한 선악과뿐만이 아니라, 생명나무도 있었습니다.

> 동산 한 가운데에는 생명나무와 선과 악을 알게 하는 나무를 자라게 하셨다. (창세기 2:9)

선악과를 묵상하면서 창세기를 여러 번 꼼꼼하게 읽는데, 이상하게도 '생명나무'란 단어가 눈에 확 들어왔습니다. 그 생명나무가 구원자이신 예수님을 상징하고 있다는 걸 깨달을 수 있었습니다. 하나님은 타락한 인간을 다시 구원할 계획을 가지고 계셨던 것입니다.

아담과 하와가 죄에 대한 벌을 받을 때, 이미 예수님에 대한 예언이 나와 있습니다.

> "내가 너로 여자와 원수가 되게 하고, 너의 자손을 여자의 자손과 원수가 되게 하겠다. 여자의 자손은 너의 머리를 상하게 하고 너는 여자의 자손의 발꿈치를 상하게 할 것이다." (창세기 3:15)

하나님께서 뱀에게 벌을 내리시며 하신 말씀입니다. 여자의 자손이 뱀의 머리를 상하게 한다는 것은 사탄을 이긴 예수님의 승리를 뜻합니다. 뱀이 발꿈치를 상하게 한다는 것은 예수님의 십자가 죽음을 뜻합니다. 죽음을 이기신 예수님의 부활과, 영원한 승리가 포함되어 있는 내용입니다. 예수님의 승리는 예수님을 믿고 구원받은 모든 인간들의 승리이기도 합니다. 즉 '여자의 자손'은 예수님을 뜻하기도 하지만, 예수님을 믿는 모든 하나님의 자녀를 뜻하기도 합니다. 하나님의 창조는 완전한 승리가 확정되어 있는 계획인 것입니다.

베드로 전서에도 세상이 창조되기 전에 하나님께서 그리스도를 미리 아셨다고 쓰여 있습니다.

> 하나님께서는 이 그리스도를 세상이 창조되기 전에 미리 아셨고, 이 마지막 때에 여러분을 위하여 나타내셨습니다. (벧전 1:20)

하나님의 창조는 미래를 예견한 완벽한 계획 속에 있었던 것입니다. 성경을 읽어 보면 수많은 예언들이 구약 시대에서부터 예수님 시대까지, 모든 역사 속에서, 속속 이루어지는 것을 볼 수 있습니다. 마치 퍼즐이 척척 맞추어지는 것 같은 흥미진진함입니다. 때로는 숨은 그림 찾기처럼 감추어져 있는 예언들을 발견해 내는 재미도 있습니다. 말씀을 깊이 묵상할 때에만 깨달을 수 있는 즐거움입니다. 하나님의 창조는 아직도 계속되고 있습니다. 아직 이루어지지 않은 예언들이 남아 있습니다.

성경을 창세기에서 요한 계시록까지 읽다보면, 인류를 구원하시는 하나님의 이야기라는 것을 깨닫게 됩니다. 아담과 하와가 죄를 짓고 에덴동산에서 추방된 그 때부터, 하나님의 구원 사역은 시작됩니다. 하나님은 죄를 심판하시는 공의의 하나님이지만, 인간을 끝까지 사랑하는 사랑의 하나님입니다. 결국 독생자이신 예수님을 보내서서 인류의 죗값을 대신 치르게 하시고, 하나님과의 관계를 회복시키신 것입니다. 하나님은 이 세상을 훈련의 장소로 사용하고 계신다는 생각이 듭니다. 하나님의 나라에서 영원히 함께 살기에 합당한 사람으로 만들어 가시는 것입니다.

우리 생각으로는 길게 느껴지는 인류의 역사조차도 하나님 보시기에는 잠깐에 지나지 않을 것입니다. 우리 인간의 수준으로는 하나님의 차원을 도저히 이해할 수 없습니다. 눈으로 볼 수 없고, 인간의 머리와 상식으로는 이해할 수 없는 하나님의 영적인 세계가 있다는 것을 인정해야만 성경을 이해할 수 있게 됩니다.

왜 원죄가 있나요?

선악과에 관련된 네 번째 질문이 있습니다.

"왜 아담과 하와의 죄 때문에, 죄 없는 후손들이 '원죄'를 가져야 하나요?"

착하게 살고 있는 사람일수록 모든 인간이 다 죄인이라는 말에

"내가 왜 죄인이야?" 하고 반문합니다. 그러나 겉으로 행한 죄는 없다고 할지라도, 마음으로 지은 죄가 전혀 없다고 누가 자신 있게 말할 수 있을까요? 모든 인간은 죄의 본성을 가지고 있습니다.

아담과 하와가 지은 죄가 온 인류에게 영향을 끼쳤다고 말합니다. 그들의 죄가 어떻게 후손들에게 전달될 수 있었을까요? 선악과를 먹었다는 것은, 하나님이 정해 놓으신 법을 어겼다는 단순한 의미가 아닙니다. 하나님처럼 되겠다는 욕망과 교만은 더 이상 하나님께 속하지 않겠다는, 관계의 거부입니다.

에덴동산에서 인간은 하나님과 친밀하게 교제하면서 살았습니다. 그러나 죄를 짓고 에덴동산에서 쫓겨난 후로는 하나님과의 교제가 끊어졌습니다. 하나님과 분리되어 교제가 끊긴 삶의 구조를 자손들이 물려받은 것입니다.

하나님과 분리되어 교제가 끊긴 삶, 하나님 없이 사는 삶, 그 자체가 죄입니다. 하나님의 인도를 받지 못하면 선한 삶을 살 수 없기 때문입니다. 하나님과 분리된 삶을 물려받았다는 것은 죄를 물려받았다는 의미입니다. 그 죄가 인간의 본성 속에 남게 된 것입니다. 그것이 원죄입니다. 그 죄의 대가인 죽음도 온 인류가 물려받았습니다.

왜 선악과인가요?

하나님은 왜 선악과(선과 악을 알게 하는 나무)라고 이름을 붙이셨을까요?

그 열매에 선과 악을 분별할 수 있는 어떤 성분이 있었던 것은 아닙니다. 아담과 하와가 금지된 열매를 따먹은 불순종의 결과로 선과 악을 알게 된 것입니다. 에덴동산에는 악이 존재하지 않았기 때문에, 아담과 하와는 선과 악을 알게 된다는 말이 무슨 의미인지 조차 알지 못했을 것입니다. 뱀의 유혹이 있기 전까지 그들은 선악과를 만지지도 않았습니다. 뱀이 여자를 유혹하는 장면이 창세기 3장에 자세하게 묘사되어 있습니다. 정말로 교묘하게 대화를 이끌어 나갑니다. 부정적인 생각을 가지도록 심리적으로 접근하고 있는 모습입니다. 하나님을 마치 인간이 잘되는 것을 질투하는 악한 분으로 표현하고 있습니다. 뱀은 간교한 말로 하와를 유혹하며, 하나님과의 관계를 이간질합니다.

"너희는 절대로 죽지 않는다. 하나님은 너희가 그 나무 열매를 먹으면 너희의 눈이 밝아지고 하나님처럼 되어서, 선과 악을 알게 된다는 것을 아시고 그렇게 말씀하신 것이다,"

그 말을 듣고 난 후, 나무를 보니 먹음직하고 보암직하고 지혜롭게 할 만큼 탐스럽게 보였습니다. 하와는 그동안 엄두조차 내지 못했던 그 열매를 따 먹고 남편에게도 주었습니다.

'선악과'라는 이름은 예언적인 의미가 있는 이름이라는 생각이

27

듭니다. 죄를 지은 후에서야 그 의미를 깨닫게 되었기 때문입니다. 그래서 그 이름을 '선악과'라고 부르신 것 같습니다. 하나님께서 금지한 것을 어기는 순간, 이 세상에 악이 들어왔습니다. '악'을 알고 나서야, 하나님께 속했던 것이 완전한 '선'이었다는 것을 깨닫게 됩니다.

악의 개념이 있어야만 상대적으로 선의 개념도 알게 됩니다. '악'이 없다면 '선'을 알 수 있는 기준이 없는 것입니다. 아담과 하와는 죄를 짓고 나서 부끄러움을 알게 되고 두려움을 느끼게 됩니다. 전에는 몰랐던 부정적인 악의 개념을 알게 된 것입니다. '악'을 경험한 인간은 비로소 하나님의 법이 완벽하게 선하다는 것을 깨닫게 됩니다. 드디어 선과 악의 대비를 알게 된 것입니다. 선과 악을 알게 되었지만, '악' 속으로 들어간 그들의 마음이 어땠을까 상상해 봅니다. 그들은 땅을 치고 후회하며 하나님께 속한 완전한 '선' 속으로 돌아가기를 얼마나 갈망했을까요?

하나님은 아담과 하와가 타락한 그 순간부터, 인간을 다시 '선' 속으로 돌릴 계획을 가지고 계셨습니다. 성경은 하나님의 구원 이야기라고 할 수 있습니다. 하나님은 계속해서 그 구원 계획을 전개하시며 완성해 나가십니다.

왜 이스라엘의 신을
믿어야 하나요?

하나님이 만드신 나라

"왜 한국 사람이 이스라엘 신을 믿나요?"

전도를 하다보면, 자주 받는 질문입니다. 처음에 나는 하나님께서 많은 나라들 중에 이스라엘을 선택하셔서 믿음의 모델 국가로 삼으신 거라고 생각했습니다. 그러나 성경을 공부하다 보니, 하나님이 이스라엘을 선택하신 것이 아니라, 애초에 이스라엘이라는 나라를 만들어 내셨다는 사실을 알게 되었습니다.

하나님은 우상을 숭배하던 땅 갈대아 우르에서 아브람을 불러내어, 가나안 땅으로 인도하십니다. 가나안 땅도 우상을 숭배하는 땅이기는 마찬가지였습니다. 그 우상의 세상 속에서 하나님은 아브람을 택해서 믿음의 기초를 세워 나가십니다. 직접 아브람에게 말씀하시고 지시하십니다. 그는 가는 곳마다 제단을 쌓고, 여호와의 이름을 부르며 예배를 드립니다. 하나님은 그를 여러 민족의 아버지가 될 거라고 하시며, 그의 이름을 아브람에서 아브라함으로 바꿔 주십니다. 하나님은 많은 시련과 시험을 통해 그의 믿음을 연단하십니다. 그 후 약속의 자녀인 이삭, 야곱을 통해 믿음의 계보를 이어갑니다. 그들은 크고 작은 많은 시련들을 통해 믿음이 단단해 집니다.

야곱에게는 열두 아들이 있었습니다. 야곱은 열두 아들 중에서 열한 번 째 아들인 요셉을 특별히 더 사랑했습니다. 그래서 열 명의 형들은 요셉을 시기하고 미워합니다. 어느 날, 형들은 그를 지나가는 상인들에게 팔아 버립니다.

이집트에 종으로 팔려간 요셉은 우여곡절을 겪은 후, 왕의 꿈을 해석해 주게 됩니다. 요셉은 왕 앞에서, 꿈을 해석해 주시는 분은 자기가 아니라 하나님이라고 명백히 밝힙니다.(창41:18) 그 꿈은 왕에게 나라의 미래를 알려 주는 꿈이었습니다. 요셉은 이집트 땅에 7년 큰 풍년이 들 것이고, 그 후 7년 동안 심한 흉년이 들 것이라고 해석합니다. 그래서 풍년이 드는 7년 동안 곡물을 많이 저장해서 7년의 흉년에 대비해야 한다고 말합니다. 그러자 왕은 그 일을 할 사람으로 요셉을 지명하여, 온 이집트 땅의 총리로 세웁니다.

요셉에게 꿈 해석하는 능력을 주신 하나님이니, 창고를 짓고 곡식을 저장하는 일에도 지혜를 주셨으리라 생각합니다. 긴 세월 동안 그 많은 곡식을 썩지 않게 보관하려면 어떤 특별한 지혜가 필요했을 것입니다. 그가 저장한 곡식은 엄청나게 많아서, 바다의 모래처럼 헤아릴 수조차 없었다고 기록되어 있습니다. (창세기 41:49)

7년 풍년이 지나고, 흉년이 들기 시작하자, 이집트에만 먹거리가 남아 있었습니다. 다른 나라 사람들도 요셉에게 곡식을 사기 위해 이집트로 왔습니다. 요셉의 형들 역시 곡식을 구하러 이집트로 옵니다. 그들은 요셉을 알아보지 못했지만, 나중에 요셉이 자신을 밝히자, 놀라서 어쩔 줄 모릅니다. 그러나 요셉은 두려워하는 형들에게 말합니다.

"실제로 나를 이리로 보낸 것은 형님들이 아니라 하나님이십니다."

하나님이 그를 이집트로 보내신 것은, 모든 사람들의 목숨을 살리기 위한 것이라고 말합니다. 요셉도 큰 고통을 겪으며, 형들을 원망하는 마음이 컸을 것입니다. 그러나 믿음의 사람 요셉은 모든 일들이 하나님의 계획 속에 있었다는 것을 깨닫고 형들을 용서하게 됩니다. 요셉은 아버지 야곱과 모든 가족들을 이집트로 초청합니다. 흉년이 끝나기까지는 5년이 더 남아 있었기 때문입니다.

단일 민족으로 번성한 이스라엘

이집트로 향하면서 야곱의 마음속에 두려움이 있었던 것 같습니다. 아무리 사랑하는 아들 요셉의 초청이라 할지라도, 자리 잡고 살던 땅을 떠나는 것은 쉬운 일이 아니었을 것입니다. 그가 브엘세바에서 하나님께 제사를 드릴 때, 하나님이 말씀하십니다.

밤에 하나님이 환상 가운데서 "야곱아, 야곱아" 하고 이

스라엘을 부르셨다. 야곱은 "제가 여기 있습니다." 하고
대답하였다. 하나님이 말씀하셨다. "나는 하나님, 곧 너의
아버지의 하나님이다. 이집트로 내려가는 것을 두려워하
지 말아라. 내가 거기에서 너를 큰 민족이 되게 하고, 나
도 너와 함께 이집트로 내려갔다가, 내가 반드시 너를 거
기에서 데리고 나오겠다. 요셉이 너의 눈을 직접 감길 것
이다." (창세기 46:2-4)

하나님은 이집트에서 그들을 큰 민족이 되게 하시겠다고 약속
하십니다. 특이한 사항은 창세기 32장부터는 야곱을 '이스라엘'이
라는 이름으로도 부르고 있습니다. 하나님이 야곱의 이름을 '이스
라엘'로 바꾸어 주셨기 때문입니다.

"네가 하나님과도 겨루어 이겼고, 사람과도 겨루어 이겼
으니, 이제 네 이름은 야곱이 아니라 이스라엘이다." (창
세기 32:28)

하나님은 야곱에게 '이스라엘'이란 이름을 지어 주셨고, 그 이
름이 나라 이름이 됩니다. 야곱, 즉 이스라엘의 자손들은 이집트
의 고센 땅에 모여 살면서, 단일민족으로 크게 번성하게 됩니다.
만약 그들이 가나안 땅에 그대로 살았다면, 민족을 이루지 못하고
뿔뿔이 흩어졌을 것입니다.

세월이 지나고, 요셉의 공적을 알지 못하는 새 왕이 이집트를 다스리게 되자, 그들에게 강제 노동을 시키며 억압합니다. 그들이 번성하는 것을 막기 위해, 아들을 낳으면 죽이는 잔혹한 명령을 내립니다. 하나님은 모세를 지도자로 세우시고, 이스라엘 백성들을 이집트에서 탈출(출애굽)시키십니다.

일찍이 하나님은 아브라함에게 그들이 다른 나라에서 400년 종살이를 하다가 나올 것을 예언하셨습니다. (창 15:13-14) 그 예언의 말씀이 600년 후에 정확하게 이루어지는 것을 보게 됩니다. 이 모든 일들이 하나님의 계획 안에서 이루어졌다는 것을 인정하게 되고, 하나님의 섭리에 놀라게 됩니다.

국가의 3대 요소

하나님께서 이스라엘 민족을 하나의 국가로 만드는 과정이 성경의 '출애굽기'와 '여호수아기'에 자세히 기록되어 있습니다. 국가가 이루어지기 위해서는, 3대 요소인 국민, 주권, 영토가 있어야 합니다. 이스라엘 국민은 이집트의 고센 땅에서 만들어 졌습니다. 그들이 출애굽 할 당시 장정만 60만 가량이었습니다. (출애굽기 12:37) 학자들은 어린이와 여자, 노인까지 합치면 200만 명이 넘었을 거라고 예상합니다.

성경 전체에서 가장 기적이 많이 일어난 책은 '출애굽기' 라고 생각합니다. 내가 초신자였을 때에는 그 내용들이 마치 신화처럼 느껴졌습니다. 그러나 하나님의 천지창조를 확실히 믿는 믿음이 생기게 되자, 성경에 나오는 모든 기적들도 믿을 수 있었습니다. 천지를 창조하신 하나님께는 불가능한 일이 아무것도 없을 것이기 때문입니다.

하나님은 이집트 땅에 10가지 재앙을 내리십니다. 그 목적이 이집트 왕의 고집을 꺾기 위한 것만은 아니었을 것입니다. 하나님이 누구신지 아직 잘 모르고 있는 이스라엘 백성들에게, 그 능력을 보여 주기 위한 목적도 있었다고 생각합니다.

하나님은 계속해서 큰 능력으로 그들을 인도하십니다. 홍해가 갈라지게 하시고, 반석에서 물이 나오게 하시고, 낮에는 구름기둥으로 밤에는 불기둥으로 백성들을 보호하십니다. 먹거리가 없는 광야에서 만나를 내려 주시며, 일용할 양식을 공급하십니다.

이스라엘 백성의 목적지는 가나안 땅인데, 하나님은 가까운 길을 버리고, 시내산에 이르게 하십니다. 그곳에서 1년 가까이 머물게 하시고, 십계명과 여러 가지 지켜야 할 법들을 주십니다. 하나님을 주권자로 법이 제정되었으니, 첫째 국민, 둘째 주권이 세워졌습니다. 그 후 여호수아를 지도자로 세우셔서, 가나안 땅을 정복하며, 세 번째 요소인 영토가 만들어지게 됩니다. 땅을 정복하는 과정에서도 하나님이 적극적으로 인도하십니다. 드디어 하나님이 만들어 내신 나라, 이스라엘이 세워지게 됩니다.

이스라엘만이 아닌 모든 민족의 하나님

하나님이 이스라엘 민족에게 주신 가나안 땅은, 위치를 보나, 지형을 보나, 기후를 보나, 살기 좋은 나라가 아닙니다. 그렇다면 지구상에 기후가 좋고 살기 좋은 나라가 많은데 왜 하필 그 척박한 땅을 택하셨을까 생각해 보았습니다. 이스라엘은 건기 6개월과 우기 6개월로 나누어져 있어서, 하나님께서 제때에 비를 내려 주셔야만 농사를 짓고, 식수도 해결할 수 있습니다. 지형적으로도 비옥한 평야가 적고, 산악지대와 광야가 대부분을 차지하고 있습니다. 지역적으로는 유럽과 아시아와 아프리카가 교차하는 지점에 위치하고 있습니다. 국력이 조금만 약해져도 주위 나라의 침략을 받을 수밖에 없습니다. 매번 하나님께 매달려야만 살아남을 수 있습니다.

그렇게 하나님 없이는 살 수 없는 조건을 만들어서 훈련시키시고, 이스라엘을 믿음의 모델 국가로 삼으셨다는 생각이 듭니다. 그 모든 훈련 과정들이 구약성경에 자세히 기록되어 있습니다. 이스라엘 백성들에게 하나님의 능력과 사랑을 보여 주시고, 하나님의 구원계획을 전개해 나가십니다.

그 구원계획은 아담과 하와가 죄를 짓고 벌을 받은 직후부터 시작되었습니다. 하나님의 구원 의지를 보면, 인간을 향한 하나님의 사랑이 얼마나 큰지 감탄하게 됩니다. 그 구원은 이스라엘 민족만을 위한 것이 아닙니다. 모든 민족을 향한 것입니다. 창세기부터 예언서, 신약성경에 이르기까지 온 민족을 향한 하나님의 구원 의지가 나타나 있습니다.

> 주님을 섬기려고 하는 이방 사람들은, 주님의 이름을 사랑하여 주님의 종이 되어라. "안식일을 지켜 더럽히지 않고, 나의 언약을 철저히 지키는 이방 사람들은, 내가 그들을 나의 거룩한 산으로 인도하여, 기도하는 내 집에서 기쁨을 누리게 하겠다." (이사야 56:6-7)

> 또 하나님께서 이방 사람을 믿음에 근거하여 의롭다고 여겨 주신다는 것을 성경은 미리 알고서, 아브라함에게 "모든 민족이 너로 말미암아 복을 받을 것이다."하는 기쁜 소식을 미리 전하였습니다. (갈라디아서 3:8)

> 하나님은 유대 사람만의 하나님이십니까? 이방 사람의 하나님도 되시지 않습니까? 그렇습니다. 이방 사람의 하나님도 되십니다. (로마서 3:29)

"구약 성경은 이스라엘의 역사책이 아닌가요?" 라고 묻는 사람들이 있습니다. 물론 이스라엘의 역사입니다. 그러나 이스라엘 사람들만의 역사가 아닙니다. 이스라엘을 사용하셔서, 구원을 이루어 가는 하나님의 말씀입니다. 구원의 완성이신 예수님에게 초점이 맞추어져 있는 책입니다. 예수님에 대한 수많은 예언들과, 예수님의 모형과 그림자가 숨겨져 있습니다. 그 수많은 예언들이 역사 속에서 속속 이루어졌고, 또 예수님에 의해 이루어졌습니다. 그것을 보면, 성경말씀은 진리며 하나님의 말씀이란 것을 확신할 수 있습니다.

> "그가 의롭다는 인정을 받았다." 하는 말은, 아브라함만을 위하여 기록된 것이 아니라, 하나님께서 의롭다고 여겨 주실 우리, 곧 우리 주 예수를 죽은 사람들 가운데서 살리신 분을 믿는 우리까지도 위한 것입니다. 예수는 우리의 범죄 때문에 죽임을 당하셨고, 우리를 의롭게 하시려고 살아나셨습니다. (로마서 4:23-25)

하나님은 아브라함에게 모든 민족의 조상이라고 하셨습니다. (창세기 17:5) 이미 아브라함을 택하기 전부터, 모든 민족을 구원할 계획을 가지고 계셨습니다. 이스라엘만의 하나님이 아니라, 모든 민족의 하나님이십니다. 하나님은 출애굽기 19장 6절에, '이스라엘은 제사장 나라'라고 하셨고, 로마서 3장 2절에는 '그들이 하나님의 말씀을 맡았다'고 쓰여 있습니다. 이스라엘에게 하나님의 말씀을 주시고, 모든 민족을 구원하기 위한 통로로 사용하셨습니다. 그들을 모든 민족을 구원하기 위한 모델로 사용하신 것입니다.

하나님의 천지창조를
믿을 수 있나요?

어떻게 믿어지나요?

성경에는 **'태초에 하나님이 천지를 창조하셨다.'**고 쓰여 있습니다. 창조 전의 모습을 혼돈과 공허와 어둠으로 묘사하고 있습니다. 하나님이 말씀만으로 무에서 유를 창조하셨다는 엄청난 사실을 믿는다는 것은 쉬운 일이 아닙니다. 그렇다면 그 많은 그리스도인들은 어떻게 이 사실을 믿고 있을까요? 그리고 나는 이 사실을 어떻게 믿게 되었을까요?

내가 믿게 된 것은 성령님께서 믿어지게 하셨기 때문입니다. 성령님께서 먼저 믿어지게 하셨고, 그 다음에 이해가 되었습니다. 먼저 이해하고 믿는 것이 아니라, 믿고 나면 이해가 되는 것이 영적인 원리입니다.

나 역시 교회에 다니면서도, 믿어지지 않는 부분들이 많았습니다. 그래서 믿음을 달라는 기도를 많이 했던 것 같습니다. 그러던 어느 날 기도를 하다가 방언을 받게 되었습니다. 그 후 방언으로 오랫동안 기도하는데, 눈앞에 환하게 빛나는 십자가가 보였습니다. 그 십자가가 서서히 움직이더니 내 안으로 들어오는 체험을 했습니다. 나는 그 때까지 성령님이 내 안에 계시다는 것을 실감하지 못하고 있었던 것 같습니다. 비로소 예수님의 영이신 성령님이 내 안에 함께 계시다는 사실을 확실히 느낄 수 있었습니다. 주님은 믿음이 연약한 나에게 확신을 주기 위해서, 그런 체험을 주셨다는 생각이 들었습니다. 주님은 믿음을 달라는 나의 기도를 들어 주셨고, 믿음은 주님께서 주시는 선물이라는 것을 확실히 알 수 있었습니다. 놀랍게도 그 시간부터 성경의 모든 내용이 확실한 진리로 믿어졌습니다.

창세기 1장의 천지창조가 믿어지니, 믿지 못할 내용은 전혀 없었습니다. 예수님의 동정녀 탄생도, 성경에 나오는 수많은 기적들도, 무에서 유를 창조하신 천지창조 보다는 크지 않기 때문입니다. 창조주 하나님께는 불가능한 일이 없습니다. 이해가 안 되는 내용이 있어도, 언젠가는 깨닫게 하실 거라는 생각이 들었습니다.

하나님은 혼돈에서 질서를, 공허에서 충만을, 어둠에서 빛을 창조하셨습니다. 공간과 물질과 생명을 창조하시고, 시간을 시작하셨습니다. 만물을 창조하셨을 뿐만이 아니라, 만물을 운행하고 보존하시는 분입니다. (히2:10) 놀라운 우주와 자연의 질서를 보면, 전능하고 완벽한 지혜를 가진 창조자의 존재를 깨달을 수밖에 없습니다.

이 세상 창조 때로부터, 하나님의 보이지 않는 속성, 곧

그분의 영원하신 능력과 신성은, 사람이 그 지으신 만물
을 보고서 깨닫게 되어 있습니다. 그러므로 사람은 핑계
를 댈 수가 없습니다. (로마서 1:20)

천문학자들이 관찰한 우주는 거대하지만 놀라울 정도로 절묘
하게 균형을 이루고 있고, 정확하게 질서가 유지되고 있다고 합니
다. 지구는 크기나 온도나 위치가 생명이 살기에 가장 적합한 조
건이라고 합니다. 아름다운 자연이나 모든 생명체들도 그 필요에
따라 정밀하고 교묘하게 설계되어 있습니다. 우연히 저절로 생겨
났다고 하기에는 그 구조가 너무나도 정교하고 세밀하고 완벽합
니다. 그 놀라운 구조를 보면 전지전능하고 완벽한 설계자가 있는
것을 인정하지 않을 수가 없습니다.

실패한 진화론 가설

진화론은 찰스 다윈이 1859년 발표한 이론입니다. 하나의 가설
에 불과할 뿐인데, 엄청난 지지를 얻으며, 큰 영향력을 끼치게 됩
니다. 진화론은 공통조상인 하나의 간단한 생명체가 오랜 세월을
통해 진화하며, 더 복잡한 새로운 종으로 변해 간다는 가설입니다.
다윈은 미래에 발견될 화석들이 자신의 이론을 입증해 줄 것이
라고 믿었습니다. 그의 믿음대로라면 수많은 중간단계의 화석들

이 연속적으로 발견되어야 했습니다. 그러나 진화론을 입증할 만한 연속적인 중간 단계 화석들은 발견되지 않았다고 과학자들은 말하고 있습니다. 새의 조상이라고 그토록 확실히 믿었던 시조새 화석조차도 멸종한 조류의 일종이라고 밝혀졌습니다. 이렇게 몇 개 되지도 않는 불확실한 중간단계의 화석을 가지고는 진화론을 입증할 수가 없었습니다. 공학박사인 김명현 교수는 '화석은 진화의 증거가 될 수 없고, 오히려 처음부터 따로따로였다는 창조의 증거'라고 말합니다.

내가 배웠던 교과서에는 물고기, 도롱뇽, 거북이, 닭, 돼지, 소, 토끼, 사람 등의 초기 배아들의 그림이 실려 있었습니다. 그것은 '헤켈의 배아발생도'라고 하는데, 구별하기 힘들 정도로 비슷한 모양이었습니다. 그것이 한 공통조상에서 모든 종이 나왔다는 진화론의 강력한 증거라고 했습니다. 그러나 그 그림은 이미 1860년대 후반에, 조작이라고 동료들에 의해 밝혀졌고, 그 자신도 시인했다고 합니다. 조작된 사실이 밝혀졌는데도 그 후에도 긴 시간동안 교과서에 실려 있었다는 것이 신기합니다.

내가 진화론을 배우며 특히 신기하게 여겼던 것은 인류의 변화 과정으로, 원숭이가 사람으로 변해가는 그림입니다. 나는 어린 마음에 지금도 원숭이가 사람으로 변할까 궁금했던 기억이 납니다. 북경원인, 자바인, 네안데르탈인, 크로마뇽인 등이 원숭이가 사람으로 진화하는 연결고리라는 것이었습니다. 그러나 그 실체는, 두개골 일부와 뼈 몇 개, 이빨 한두 개를 발견했을 뿐이고, 부서진 파

편일 경우엔 원숭이의 뼈인지 사람의 뼈인지조차 의견이 분분했다고 합니다. 심지어 한 장소에서 발견한 것이 아니고 멀리 떨어진 곳에서 발견한 것을 합성한 경우도 있다고 합니다. 자바인의 경우 두개골 하나와 넓적다리뼈 하나, 치아 세 개를 가지고 엄청난 상상력으로 만들어진 그림이라는 것이 밝혀졌습니다. 더구나 그 두개골은 현재 사람의 것과 똑같다고 합니다. 그것은 원숭이와 인간의 연결고리가 아니라, 애초에 인간의 두개골이었던 것입니다.

1912년 영국에서 '필트다운인'이라는 원시 인류의 화석을 학계에 보고했습니다. 이 화석은 1953년까지 영국의 국가적 성과로 인정받으며, 인류 진화의 중요한 화석으로 널리 인용되어 왔습니다. 관련 논문만도 250편이 넘었다고 합니다. 그러나 그것은 인간의 머리뼈와 오랑우탄의 턱뼈, 침팬지의 치아로 합성한 위조품이었다고 밝혀지는 어이없는 일이 일어났습니다.

1999년 미국 국립지리학회는 공룡의 꼬리와 새의 날개를 가진 '아르케오랍토르' 화석이 조류와 공룡의 연결고리라고 발표했습니다. 그러나 그것은 공룡의 화석과 새의 뼈를 하나의 골격처럼 합성한 가짜였습니다. 그 화석들은 과학자들이 간절히 바라고 있었던 바로 그 모습이었기에, 쉽게 속을 수 있었다는 생각이 듭니다. 지금도 끊임없이 그런 류의 가짜 화석들이 나타난다고 합니다. 만약 찰스 다윈이 지금 살아 있다면, 자신의 진화론이 잘못된 가설이라는 사실을 인정할 것 같습니다.

19세기 중반에 진화론이라는 가설이 나온 후, 과학은 계속 발전하고 있습니다. 진화론을 입증하기에는 확실한 증거가 없고, 이제까지 증거로 내세웠던 것조차도 왜곡되었다는 사실이 속속 드러나고 있습니다. 오히려 성경에 쓰여 있는 하나님의 천지창조가 더 과학적이라는 사실이 밝혀지고 있습니다.

지적 설계자이신 하나님

변증론자인 리스트로벨은 그의 저서 '창조설계의 비밀'에서 많은 과학자들과 만나 인터뷰를 합니다. 인터뷰 결과, 그는 완벽한 지적 설계자이신 하나님이 세상을 창조하셨다는 결론을 얻게 됩니다. 그의 저서 '창조설계의 비밀'에서 과학자들이 말한 내용 중 일부를 뽑아 보았습니다.

"나는 과학의 증언이 유신론을 지지한다고 믿습니다. 앞으로도 긴장과 갈등이 끊이지 않겠지만, 지난 50년 동안 과학은 유신론을 지지하는 방향으로 힘차게 달려왔습니다...... 제대로 하기만 하면, 과학은 하나님을 가리킵니다." -스티븐 마이어

"지난 30년 동안 왜 그토록 많은 과학자들이 마음을 바꿔 우주적 우연이 우주 탄생에 대한 합리적 설명이 될 수 없다는 데 동의했는지 이해하기란 어렵지 않다. 주의 깊게 만들어진 우리의 거

처, 우주에 대한 이해가 높아질수록 지적 설계자에 대한 증거는 점점 더 설득력을 얻는다."-월터 브래들리 〈생명기원의 신비〉

"지금 우리에게 주어진 모든 지식으로 무장한 정직한 사람이라면 생명의 기원이 기적으로 보인다고 말할 수밖에 없을 것이다. 하나의 생명이 탄생하기 위해 갖추어야 할 조건들이 너무도 많기 때문이다."-프랜시스 크릭

"모든 증거를 고려할 때, '다윈의 계통수'는 생명의 역사에 대한 묘사로 틀렸습니다. 거기서 더 나아가 다윈의 이론은 좋은 가설도 못된다고 말하고 싶습니다."-조나단 웰스

"내 결론은 다윈주의에 대한 논거는 파산지경이라는 겁니다. 다윈주위에 대한 논거는 너무 불충분할 뿐 아니라 체계적으로 왜곡되어 있습니다. 이제 머지않아 사람들이 어이없어 하며 '어떻게 이런 걸 믿었을까?'라고 말하게 되리라 확신합니다.......나는 과학이 설계 쪽을 힘 있게 가리킨다고 믿습니다."-조나단 웰스

"제대로 증거를 검토한 과학자라면, 핵물리학의 법칙들이 별들 속에서 만들어 내는 결과들을 바라보며, 그것이 계획적으로 설계되었다는 추론을 하게 될 것이다."-프레드 호일

"인간의 탄생을 목적으로 하는 우주는 그것을 지시한 지성을 함축하고 있다. 인간이 우주의 물리적 중심은 아니지만, 그 목적의 중심에 있는 것으로 보인다." - 로버트 어그로스, 조지 스탠시우 공저 〈새로운 과학〉

"지난 30년 동안 과학자들은 우주의 기본 구조가 생명체의 존재를 위해 거의 모든 면에서, 마치 면도날 위에 서 있듯이 아슬아슬한 균형을 이루고 있다는 사실을 발견했습니다. 수많은 조건들이 너무나 환상적으로 일치하기 때문에 그것을 그저 우연 탓으로 돌리거나 설명이 필요 없는 현상으로 우길 수가 없습니다........ 그러니 우연 이론이 아니라 설계 이론을 선택하는 것이 상당히 합리적인 일입니다." -로빈 콜린스

"우주의 미세조정은 신의 설계에 대한 자명한 증거다." -에드워드 헤리슨

"우주의 미세조정은 그 분이 존재하시고, 세상을 창조하셨고, 따라서 우주에는 목적이 있다는 결론을 내릴 수 있도록 분명하게 도와줍니다. 하나님은 우주를 지적 생명체의 거처로 매우 세심하고 너무도 정밀하게 만들었습니다.......깊이 파고 들수록 하나님이 상상을 초월할 정도로 천재적이고, 창의적이심을 발견합니다." -로빈 콜린스

"미세조정은 하나님이 실재한다는 진짜 증거" -존 레슬리

"나는 환원 불가능하게 복잡한 체계들이 어떤 지적 행위자가 목적과 의도를 가지고 세상을 설계했다는 강한 증거라고 믿습니다."
-마이클 베히

"우주가 가장 엄밀한 정확도로 만들어지지 않았다면, 우리는 존재하지 못했을 것이다. 이런 환경들을 고려할 때, 이 우주는 인간을 위해 창조되었다고 볼 수 있다." -존 오키프

"과학에 대해 아무것도 모르는 문외한만이 과학이 신앙을 앗아간다고 말할 것이다. 과학을 제대로 연구하면 그로 인해 하나님께 더욱 가까이 가게 될 것이다." -제임스 투어

"우주에 대해 배우는 어떤 내용도 우리 신앙을 위협하지 않는다. 오히려 신앙을 풍성하게 할 뿐이다."-조지 코인

"과학적인 사고가 하나님에 대한 중요한 결론을 도출하는 데 도움이 되었다." -존 폴킹혼

리스트로벨은 그 외에도 많은 과학자와 철학자들의 증언을 통해 진화론은 잘못된 가설이며, 지적 설계자가 있다는 사실을 확신

하게 됩니다. 그리고 그 탁월한 설계자가 성경에 기록된 창조주 하나님이라는 결론을 얻게 됩니다.

"과학적 자료에 등장하는 창조주의 초상은 성경에 그 정체성이 분명히 기록된 하나님과 신기하게도 일치한다."

그는 하나님의 창조가 사실인지를 밝히기 위해 '많은 책을 읽었고, 질문을 했고, 단서를 추적했고, 어디건 증거가 이끄는 쪽으로 따라갔다'고 말하고 있습니다. 그는 '마치 목숨이 달린 문제처럼 체계적이고 열정적으로 그것을 조사'했습니다. 나는 그의 책에서 아주 기본적인 요점만 간추려, 그가 다다른 결론에 대해서만 적었습니다. 그가 많은 과학자들과 대화하면서 느끼고 놀라고 감탄하고 깨달았을 모든 과정들은 생략했습니다. 그는 그 긴 여정을 통해, 창조주 하나님을 깊이 만나는 신비한 영적 체험을 하게 된 것입니다. 대부분의 신자들은 나처럼 먼저 믿고, 나중에 이해하게 되는 것이 보통인데, 그는 반대로 하나하나 단서를 추적해 가며, 증거를 찾아냈습니다. 찾아낸 증거들이 성경과 일치하는 것을 보며, 그는 놀랐고, 도저히 믿지 않을 수가 없었다고 고백하고 있습니다.

성경은 믿을 수 있는 책인가요?

전도를 하다보면, "나는 성경을 안 믿어요."라고 말하는 사람들이 더러 있습니다. 성경은 지식과 상식만으로는 믿어지지 않는 영적인 책입니다. 그러나 성경을 제대로 깊이 연구해 본다면 믿지 않을 수 없는 책입니다. 성경의 오류를 파헤쳐 보겠다고 덤벼들었던 수많은 불신자 지성인들이 결국에는 크리스천이 되어서, 오히려 예수님을 증거하고 있는 경우가 많이 있습니다. 이렇게 성경을 깊이 연구해 보면, 성경이 하나님의 말씀이라는 것을 확실히 믿을 수 있게 되고, 그 오묘함과 깊이에 놀라게 됩니다.

성경은 역사적인 사실입니다

성경은 약 1500년의 긴 시간을 걸쳐서 40명 정도의 다른 저자들이 쓴 책입니다. 그런데 놀랍게도 각각 다른 시대에 다른 저자가 썼음에도 불구하고, 일관성 있게 앞뒤가 딱딱 맞아 들어갑니다. 구약에서 예언한 내용들이 역사 속에서 정확하게 이루어집니다. 예수님에 대해 예언한 내용만도, 200여 가지 이상이 예수님을 통해 이루어 졌다고 합니다. 예수님이 어떻게 어디서 태어나실지, 그 분의 삶과 죽음과 부활 등이 이미 수백 년 전에 예언이 되었고, 다 이루어졌습니다. 초월적인 어떤 힘이 관여하지 않았다면 불가능한 일입니다.

기독교의 핵심인 예수님의 죽음과 부활 역시 역사적인 사실로 확인되었습니다. 예수님이 승천하시고 20년 정도 된 시점에서, 사도바울은 예수님의 죽음과 부활을 많은 사람들이 목격했다고 증언했습니다.

> "나도 전해 받은 중요한 것을 여러분에게 전해 드렸습니다. 그것은 그리스도께서 성경대로 우리 죄를 위하여 죽으셨다는 것과, 무덤에 묻히셨다는 것과, 성경대로 사흘 날에 살아나셨다는 것과, 게바에게 나타나시고 다음에 열 두 제자에게 나타나셨다고 하는 것입니다. 그 후에 그리스도께서는 한 번에 오백 명이 넘는 형제자매들에게 나타나셨는데, 그 가운데 더러는 세상을 떠났지만, 대다수는 지금도 살아 있습니다." (고전 15:3-6)

예수님이 십자가에서 처형된 사건은, 그 당시에는 근간에 일어난 중요한 뉴스였습니다. 부활하신 예수님을 직접 목격한 사람도 500명이 넘었습니다. 사도 바울은 그들의 대부분이 아직도 살아 있다고 밝히고 있습니다. 만약 바울의 이 증언이 사실이 아니었다면, 반대자들이 이의를 제기하며 달려들었을 것입니다.

복음서 역시 AD 60-90 년경, 아직도 많은 목격자들이 살아 있는 기간에 기록되었습니다. 만약 예수님에 대한 내용이 잘못되었거나 과장이 있었다면, 그 당시 초대교회는 신뢰를 얻지 못했을 것이고, 전도도 할 수도 없었을 것이고, 부흥하지 못했을 것입니다.

사도행전에는 '부활의 증인'이라는 표현이 많이 나옵니다. 그 당시 예수님께서 십자가에서 죽으신 것은 온 세상이 지켜본 기정 사실이었습니다. 그 예수님이 죽음을 이기고 부활하셨다는 것을 증명하는 것이 관건이었습니다. 오직 전능하신 하나님만이 스스로 부활할 수 있기 때문입니다. 인간이라면 절대로 스스로 부활할 수 없습니다. 예수님의 부활을 증명하기 위해서 제자들은 죽음의 위험조차도 두려워하지 않았습니다. 만약 예수님의 부활이 진실이 아니었다면, 거짓을 위해 그토록 많은 사람들이 목숨을 걸지 않았을 것입니다.

사도바울은 육체로 부활하신 예수님을 직접 만나지는 못했습니다. 그러나 예수님을 영으로 만났고, 가르침을 받았고, 대화를 나누었습니다. 지금 이 시대에도 우리는 예수님을 영으로 깊이 만날 수 있습니다. 예수님은 성경의 문자 속에 갇혀 계신 추상적이고 관념적인 분이 아니라, 지금도 살아서 우리와 함께 하시는 분입니다. 우리 역시 예수님을 느끼고, 예수님의 음성을 듣고, 예수님과 대화할 수 있습니다.

성경은 하나님의 계시로 된 것입니다

> 모든 성경은 하나님의 영감으로 된 것으로써 교훈과 책
> 망과 바르게 함과 의로 교육하기에 유익합니다. (디모데
> 후서 3:16)

여기서 '하나님의 영감'이란 말은 '하나님의 계시'란 의미입니다. 하나님은 각 저자의 지식, 경험, 재주, 특기, 성격 등을 사용하시되, 하나님께서 직접 계시하셔서 썼다는 것입니다. 하나님의 영이며, 그리스도의 영이신 성령께서 철저하게 개입해서 썼다는 의미입니다. 그래서 성경을 하나님의 말씀으로 믿을 수 있는 것입니다.

특히 모세오경을 쓴 모세가 어떻게 창세기를 기록했을지 짐작해 볼 수 있습니다. 출애굽기부터는 모세가 경험한 내용이지만, 창세기는 모세가 태어나기 이전의 일입니다. 그 내용들은 하나님의 완전한 계시로 썼을 거라고 짐작할 수 있습니다. 조상들의 구전을 통해 부분적으로 들은 이야기도 있었겠지만, 구전이라면 왜곡되고 과장되었을 가능성이 큽니다. 더구나 천지창조 이야기는 오직 하나님만 아시는 내용입니다. 모세는 하나님과 직접 대화했던 사람이니까, 창세기를 쓸 때는, 하나님께서 말씀을 받아쓰도록 시키셨을 것 같습니다.

주님께서는 마치 사람이 자기 친구에게 말하듯이, 모세

와 얼굴을 마주하고 말씀하셨다. (출 33:11)

성막을 지으라고 명하셨을 때에는 입체적으로 성막이나 제단의 모습을 보여주시기까지 하셨습니다. 완벽한 설계도를 보여주신 것입니다.

성막은 내가 이 산에서 너에게 보여 준 규격대로 세워라.
(출 26:30)

그렇게 창의력이 뛰어나시고, 큰 능력을 가지신 하나님이시니, 성경을 잘 쓸 수 있도록 여러 가지 방법으로 세밀하게 인도하셨을 것입니다.

에스겔서나 요한계시록도 하나님께서 환상을 보여주시며, 성경을 쓰도록 인도하셨습니다. 그들이 본 환상들은 입체적이고 스케일이 큰, 움직이는 영상이었습니다.

사도 바울은 기독교 교리를 체계적으로 정리한 사람입니다. 그런데 그는 그 복음을 사람에게서 배운 것이 아니고, 예수님으로부터 직접 계시로 받았다고 말하고 있습니다.

"형제자매 여러분, 내가 여러분에게 밝혀드립니다. 내가 전한 복음은 사람에게서 비롯된 것이 아닙니다. 그 복음은, 내가 사람에게서 받은 것도 아니요, 배운 것도 아니

요, 예수 그리스도의 나타나심으로 받은 것입니다. (갈라
디아서 1:11-12)

성경을 쓰게 하신 분도 성령님이지만, 깨닫게 하시는 분도 성령
님이십니다. 저자이신 성령님께서 가르쳐 주시는 것입니다. 나 역
시 성경을 읽을 때, 깨닫게 하시는 것을 항상 체험합니다. 특히 이
해가 안 되는 부분에서 기도를 하면 갑자기 깨닫게 되는 경우가
많습니다. 그 깨달음은 나의 수준을 뛰어 넘는 것이어서 성령님께
서 가르쳐 주셨다는 것을 알 수 있습니다. 그렇게 깨달음을 주실
때마다 뿌듯함과 기쁨으로 가슴이 벅차오릅니다. 그런 체험들을
통해, 성경말씀이 단순한 문자가 아니라 하나님의 말씀이라는 것
을 확실히 믿을 수밖에 없습니다. 나뿐만이 아니라, 많은 그리스
도인들이 경험하고 있는 일입니다. 그래서 성경을 하나님의 말씀
이라고 확실하게 증거 할 수 있는 것입니다.

필사와 정경채택

우리가 읽고 있는 성경은 원본이 아니고, 필사된 사본입니다.
필사하는 과정에서 오류가 있지 않았을까 우려하지만, 그 사본들
이 99.5%나 되는 높은 일치를 보인다고 합니다. 현재 그리스어로
기록된 사본의 수가 무려 5800개가 넘는다고 합니다. 숫자가 방

대하고, 원본과의 기간 차이가 적고, 일치율이 높은 것이 다른 문서들과는 비교조차 할 수 없습니다. 필사나 번역 과정에서 경미한 오류가 있을 수 있지만, 내용의 본질에 대해서는 전혀 지장이 없습니다. 숫자, 이름, 연대 등에서 약간의 차이가 있을 수 있다고 합니다.

누군가가 성경을 왜 66권만 선택했는지 의아해 했습니다. 마태, 마가, 누가는 서기 60-70년경에, 요한복음은 85-90년경에 기록되었습니다. 바울 서신서는 복음서보다도 앞선 50-70년경에 기록되었다고 합니다. 모두 예수님의 죽음과 부활을 직접 목격한 사람들이 생존해 있는 동안에 기록되었습니다.

그 후 사도들과, 사도들에게 직접 가르침을 받은 제자들이 죽기 시작하자, 수많은 이단들이 나오기 시작했다고 합니다. 예수님에 대한 문서들이 수백 개가 되었고, 잘못된 것들이 많았습니다. 그래서 정경을 가려내는 작업이 필요했습니다. 정경을 선택하기 위한 몇 가지 기준이 있었다고 합니다. 예수님의 제자들과 사도들의 가르침에서 벗어나지 않았는지, 그 당시 교회에서 보편적으로 읽히고 있었는지, 기독교의 영적인 내용에서 벗어나지 않았는지를 기준으로 정경을 선택했습니다. 그 때 정경으로 선택된 책들은 그 당시에도 이미 권위가 있었고, 교회에서 인정을 받고 있었던 책들이라고 합니다. 397년 카르타고 공의회에서 신약 27권을 선택하게 되었습니다. 구약은 90년 얌니아 회의에서 채택되었습니다.

정경 작업을 할 때, 정경, 외경, 위경으로 나누었습니다. 외경은 정경에서는 빠졌지만, 읽으면 참고가 되고 도움이 되는 내용입니다. 위경은 이단적인 요소를 담고 있거나 날조된 문서들입니다. 위경의 특징은 저자를 확실히 모르고, 대부분 성경의 중요한 인물들의 이름을 도용하고 있습니다. 도마복음, 베드로 묵시록, 마리아 행전, 바나바 행전. 니고데모 복음, 안드레 복음, 바돌로매 복음, 등등입니다. 특히 도마복음은 안티기독교에 속한 사람들이 인용하며, 기독교를 비방하기 위해 많이 사용합니다. 나도 궁금해서 일부를 읽어 봤는데, 복음서와 비슷한 내용도 있고, 비슷하게 썼지만 변화를 주어 왜곡한 것들이 있습니다. 범신론적인 내용도 포함되어 있고, 말도 안 되는 이상한 내용들이 많이 있습니다. 학자들은 영지주의자들이 날조한 문서가 아닌가 짐작하고 있습니다. 정말 예수님의 제자 도마가 썼다면 60-80년 사이에 기록되었을 것이고, 당연히 초대교회에서 보편적으로 읽히고 있었을 것이니, 위경으로 분류될 이유가 없었을 것입니다. 복음서는 60-90년 사이에 다 기록되었는데, 도마복음은 300년 전후에 기록되었다고 합니다. 대부분의 위경들은 이단이 성행하던 300년 전후로 기록되었습니다.

성경이 하나님의 계시로 기록되었다면, 사본을 필사하는 일이나, 정경을 채택하는 모든 과정에도 하나님께서 적극적으로 개입하셨다고 생각합니다.

기독교는
왜 자기만 옳다고 주장하나요?

한 지인이 말했습니다.

"기독교는 너무 배타적이고 독선적인 것 같아요."

나 역시 그리스도인이 되기 전에는, 그와 똑같이 생각을 했었고, 거부감을 가졌었습니다. 내용을 제대로 알지도 못한 채, 무조건 거부했던 것 같습니다. 사실 다른 종교에서 볼 때, 기독교는 다른 것을 절대 용납하지 않는 독선적인 종교라고 느껴질 것입니다.

그러나 진리가 있다면, 이것도 옳고 저것도 옳을 수는 없다고 생각합니다. 진리와 반대되는 개념은 진리일 수 없기 때문입니다. 모든 것이 다 용납된다면 그건 진리일 수가 없습니다. 우리가 믿는 진리와 다른 것을 용납할 수 없는 것입니다.

그 지인은 또 물었습니다.

"왜 꼭 예수님만을 믿어야 구원받나요? 산에 오르는 길은 많고, 목적지인 산에 오르기만 하면 되지 않나요?"

그러나 우리는 산에 오르는 것이 아니라, 구원을 받고 천국에 가야 됩니다. 우리가 믿는 성경에서는 구원의 길은 오직 하나뿐이라고 말합니다. 우리는 그 말씀을 진리로 믿기 때문에, 그와 다른 것은 용납할 수가 없습니다.

> 이 예수밖에는, 다른 아무에게도 구원은 없습니다. 사람
> 들에게 주신 이름 가운데 우리가 의지하여 구원을 얻어
> 야할 이름은, 하늘 아래에 이 이름 밖에 다른 이름이 없습
> 니다. (사도행전 4:12)

> 예수께서 그에게 말씀하셨다. "나는 길이요, 진리요, 생명
> 이다. 나를 거치지 않고서는, 아무도 아버지께로 갈 사람
> 이 없다." (요한복음 14:6)

기독교는 신이 인간을 위해 희생한 유일한 종교입니다. 대부분
의 종교는 신을 위해 인간이 희생을 합니다. 신의 마음에 들기 위
해 온갖 노력과 정성을 다해야 하고, 피나는 수련으로 도를 닦아
야 하는 형태를 가지고 있습니다. 그러나 그 어떤 종교에도 죄와
죽음의 문제는 해결되지 않은 상태로 남아 있습니다.

오직 예수님만이 죄와 죽음의 문제를 해결할 수 있는 유일한 분
입니다. 놀랍게도 하나님이신 예수님은 인간의 모습으로 이 세상
에 오셨습니다.

> "하나님께서 세상을 이처럼 사랑하셔서 외아들을 주셨으
> 니, 이는 그를 믿는 사람마다 멸망하지 않고 영생을 얻게

하려는 것이다." (요한복음 3:16)

에덴동산에서 아담과 하와는 하나님과 교제하며 함께 살았습니다. 그러나 그들은 하나님께 불순종함으로 죄를 짓게 되고, 인간과 하나님의 관계는 끊어지게 됩니다. 그 죄의 값은 죽음이었습니다. 하나님은 '공의의 하나님'이라서 죄를 묵인할 수 없었고, 인간은 죄 때문에 멸망할 수밖에 없었습니다. 그러나 하나님은 공의의 하나님일 뿐만이 아니라 '사랑의 하나님'이십니다. 멸망할 수밖에 없는 우리를 구원하기 위해, 외아들이신 예수님을 이 세상에 보내십니다. 예수님께서 우리의 죗값을 치르시고, 하나님과의 관계를 회복시키신 것입니다. 죽어야 할 죄인은 우리인데, 예수님께서 대신 죽으신 것입니다. 예수님의 그 희생적인 사랑으로 인해 우리는 용서를 받았습니다.

많은 사람들이 "나는 착하게 사는 데 왜 죄인이야?" 하고 반문하는 것을 보게 됩니다. 그러나 인간의 가장 큰 죄는 예수님을 믿지 않는 죄입니다.

예수님이 십자가에서 죽으시고 끝났다면 우리에게는 구원이 없었을 것입니다. 그러나 예수님은 죽음을 이기시고 부활하셨습니다. 부활하심으로써 예수님이 하나님이시라는 신적 능력이 증명되었습니다. 예수님께서는 스스로 말씀하셨습니다.

"나는 부활이요 생명이니 나를 믿는 사람은 죽어도 살고, 살아서 나를 믿는 사람은 영원히 죽지 아니할 것이다. 네

가 이것을 믿느냐?" (요한복음 11:25)

십자가에서 죽으시고, 3일 만에 죽음을 이기시고 부활하신 예수님이 우리의 구원자이신 것을 믿으면 우리는 죄 용서를 받고 구원을 받게 됩니다. 즉 이 세상에서는 죽음으로 끝이 나지만, 하늘 나라에서 영원한 생명을 갖게 됩니다. 이것이 기독교 복음의 핵심입니다. 우리가 다른 종교들을 용납하지 못하는 이유는 이 복음만이 유일하고 구별된 진리이기 때문입니다.

2

예수님에 대한
질문들

예수님이 그토록
나약할 수가 있나요?

"아버지, 만일 아버지의 뜻이면, 내게서 이 잔을 거두어 주십시오. 그러나 내 뜻대로 되게 하지 마시고, 아버지의 뜻대로 되게 하여 주십시오." (눅22:42)

나는 예수님이 겟세마네에서 하셨던 이 기도 내용을 읽을 때마다, 예수님은 하나님이신데 왜 그렇게 나약한 모습을 보이셨는지 의아했습니다. 예수님은 스스로 이 땅에 오신 목적을 너무나도 잘 알고 계셨습니다. 제자들에게도 십자가의 죽음과 부활을 여러 번 예언하셨습니다. 그런데 왜 그런 기도를 하셨을까요? 만약 하나님이 그 잔을 거두어 주신다면, 십자가의 구속 사역이 이루어지지 못한다는 것을 다 알고 계셨습니다.

나는 예수님이 인성을 가지셨다는 것은 알고 있지만, 보통 인간과 똑같을 수는 없을 거라고 생각하고 있었습니다. 어느 날 목사님이 설교 중에 "예수님은 100% 신성과 100% 인성을 가지신 분"이라고 하셨습니다. 나는 100% 신성은 당연하다고 생각했지만, 100% 인성이라는 표현에는 공감할 수가 없었습니다. 나는 성령님의 지혜를 구하며 간절히 기도했습니다.

"아버지, 이번에는 저의 의문을 풀어 주세요. 예수님이 100% 인성을 지니셨다는 말이 맞는 말입니까?"

그 때 성령님께서 내게 물었습니다.

"예수님이 보통 인간과 다른 점이 있느냐?"

"네, 예수님은 죄가 없으신 분입니다."

"그렇다. 예수님은 죄가 없으시니, 인간이 가진 악한 성품도 없으시다. 완벽하게 인간의 모습을 가지셨지만, 또한 하나님의 능력을 지니신 분이다."

예수님은 완전한 인성을 지니셨지만, 인간과 똑같을 수는 없다는 것을 깨닫게 되었습니다. 예수님은 우리를 구원하실 모든 조건을 갖추고 이 땅에 오셨습니다. 예수님이 우리를 구원하시려면, 첫째 우리와 똑같은 인간이어야 했습니다. 인간의 죄에 대한 대가는 오직 죽음으로만 치를 수 있었기 때문에, 인간의 몸이 되어 죽으셔야 했습니다. 둘째 죄가 없는 분이어야 했습니다. 죄가 없어야 우리 대신 죗값을 치를 수 있기 때문입니다. 셋째 하나님의 능력을 가져야 했습니다. 하나님의 능력을 가져야만 죽음을 이기고 승리하실 수 있습니다.

예수님은 능력의 하나님이시지만, 인간의 몸을 입고 오셨기 때문에, 인간이 느끼는 모든 감정과 육체적 감각을 느끼셨습니다. 우리와 똑같이 육체의 연약함과 한계를 가지셨습니다.

예수님은 인간의 위치에 계시면서, 하나님과의 관계에서도, 인간과의 관계에서도 완벽한 모범을 보이셨습니다. 죄가 없으신 분이기 때문에 회개의 세례를 받을 필요가 없었습니다. 그러나 보통 인간처럼 세례를 받으심으로, 죄를 씻고 회개하는 모범을 보이셨습니다. 그렇게 예수님은 사람들과 똑같아지셨고, 사람들이 거쳐야 하는 모든 절차를 다 밟으셨습니다.

예수님은 능력의 하나님이시니 사탄에게 시험을 받을 필요가 없었습니다. 그러나 인간으로서 어떻게 사탄을 물리쳐야 하는지 우리에게 모범을 보여 주셨습니다. 사탄에게 패배한 첫 사람 아담의 선례를 깨뜨리고, 하나님의 말씀으로 사탄의 유혹을 이기고 승리할 수 있다는 것을 보여 주셨습니다.

예수님은 모든 삶 속에서 기도의 모범을 보여 주셨습니다. 특히 겟세마네의 기도는 연약한 인간의 마음을 극복하고, 결국에는 아버지의 뜻을 구하는, 완벽한 기도의 모범입니다.

겟세마네의 기도는 치열한 영적 싸움이었습니다. 정신적인 고통 그 이상의 것이었습니다. 그 기도를 하실 때, 천사들이 하늘로부터 나타나서 힘을 북돋아 드렸다고 쓰여 있습니다. 예수님이 고뇌에 차서 기도하시니, 땀이 핏방울 같이 되어서 땅에 떨어졌습니다. 얼마나 힘든 기도를 하셨는지 알 수 있는 대목입니다. 십자가의 죽음이 주는 영적 고통의 중압감을 나타낸 것입니다.

예수님께서 십자가에서 외치셨던 **"엘리 엘리 라마 사박다니?"(나의 하나님, 나의 하나님, 어찌하여 나를 버리셨습니까?)** 역시 같은 맥락으로 이해할 수 있습니다.

죄가 없으신 예수님이 스스로 죄인처럼 되셔야 했습니다. 그 모든 고통을 하나도 피하지 않고, 고스란히 다 받으셨습니다. 그 고통을 다 받아야만, 인간의 죗값을 완전하게 치를 수 있었기 때문입니다. 그 죄의 값으로 육체적, 정신적 고통만 치르면 되는 것이 아니었습니다. 영적인 고통도 치르셔야 했습니다. 그 죗값의 영적인 고통은 하나님과의 단절이었습니다. 하나님과 단절되는 고통을 겪는 순간 "엘리 엘리 라마 사박다니?"라고 외치셨습니다. 예수님은 하나님께 버림받는 하나님과의 단절이 어떤 의미를 지니고 있는지 확실히 아셨습니다. 그것은 영원한 사망, 즉 영원한 멸망을 뜻하는 것이었습니다. 영원한 멸망은 그냥 사라져서 아무 느낌이 없는 상태가 아니라, 영원한 고통의 지옥 속으로 떨어지는 것입니다. 인간의 차원에서는 하나님과 단절되는 영적인 고통의 무게를 실감조차 할 수 없습니다.

겟세마네의 기도와 "엘리 엘리 라마 사박다니?"는 육체를 입으신 예수님의 극심한 영적 고통을 나타내 주는 구절입니다. 나는 이 사실을 깨닫기 전에는 예수님의 고통을 단순히 순교자의 고통 정도로만 생각했었습니다. 그래서 순교하는 사람도 있는데, 능력의 주님께서 왜 그런 나약한 모습을 보이셨을까 이해하지 못했던 것입니다. 그러나 예수님은 인간으로서는 어느 누구도 결코 감당할 수 없는 영적인 고통을 홀로 겪으신 것입니다.

사실 예수님은 그 큰 고통조차도 얼마든지 참고 침묵하실 수 있는 능력을 가지신 분입니다. 그런데도 그 영적인 고통을 언어로 표현하신 이유는, 우리에게 중요한 메시지를 주기 위함이라고 생각합니다. 그것이 얼마나 극심한 고통인지를 언어로 표현하셨기에, 십자가의 죽음이 얼마나 큰 희생이며 사랑이었는지, 깨달을 수 있었다는 생각이 듭니다. 만약 아무런 표현을 하지 않고 조용히 죽으셨다면, 예수님은 능력의 하나님이라서 큰 고통을 느끼지는 않았을 거라고 생각했을 것 같습니다. 예수님은 이 모든 일이 성경에 기록될 것까지도 다 알고 계셨을 것입니다.

예수님은 십자가에서 죽으시고, 하나님과 완전히 단절이 되었습니다. 그러나 죽음을 이기시고 부활하셨습니다. 스스로 부활이며 생명이신 예수님은 능력의 하나님이기 때문입니다. 인간 예수로 사실 때에는, 인간이 가지는 육체의 연약함과 한계를 지니셨지만, 부활하신 예수님에게는 더 이상 연약함이 있을 수 없습니다. 예수님은 완전하신 하나님이시기 때문입니다. 생전에 여러 번 예언하셨던 말씀을 이루심으로, 스스로 하나님이심을 증명하셨습니다. 그 예수님을 믿는 사람은 죄 사함을 받고, 부활의 생명을 가지게 됩니다. 영원한 사망에 빠질 수밖에 없었던 죄인이 의롭다고 여겨지게 되었습니다. 단절되었던 하나님과의 관계가 회복되어 영원한 평화를 누리게 된 것입니다.

그러므로 우리는 믿음으로 의롭다 하심을 받았으므로, 우리 주 예수 그리스도로 말미암아 하나님과 더불어 평화를 누리고 있습니다. (롬5;1)

예수님은 왜 그렇게
초라하게 입성하셨나요?

예루살렘 입성

예수님은 키 작고 볼품없는 어린 나귀를 타고 예루살렘에 입성하십니다. 예루살렘 입성은 자신이 메시아라는 것을 공식적으로 선포하는 자리라는 생각이 듭니다.

공의로우신 왕, 구원을 베푸시는 왕이며, 하나님이신 예수님의 지위에 걸맞지 않는 너무나도 초라한 모습입니다. 만 천하에 자신을 알릴 수 있는 자리인데 왜 그런 모습으로 입성하셨을까요?

예수님께서 어린 나귀를 타고 입성하신 것은, 스가랴 9장 9절에 기록된 성경 말씀의 예언을 이루신 것이라고 쓰여 있습니다. 성품이 온유하고 겸손하신 것을 나타내신 것입니다. 그렇게 예수님의 행동이나 말들이 구약의 예언을 이루고 있다는 사실이 놀랍습니다.

> "도성 시온아, 크게 기뻐하여라. 도성 예루살렘아, 환성을
> 올려라. 네 왕이 네게로 오신다. 그는 공의로우신 왕, 구
> 원을 베푸시는 왕이시다. 그는 온순하셔서 나귀, 곧 나귀

새끼인 어린 나귀를 타고 오신다.” (스가랴 9:9)

군중들은 예수님을 이스라엘의 왕으로 인정하며 축복하고 찬양합니다. 예수님 역시 군중들의 찬양을 기꺼이 받으십니다.

“호산나! 주님의 이름으로 오시는 이에게 복이 있기를!
이스라엘의 왕에게 복이 있기를!” (요 12:13)

그러나 환호하는 군중 뒤에는, 증오의 눈으로 예수님을 주시하는 유대 지도자들이 있었습니다. 예수님께서 나사로를 살리신 후, 많은 사람들이 예수님을 따랐기 때문에, 그들은 예수님은 물론 나사로까지 죽이려고 모의하고 있었습니다. 기쁨과 환호 뒤에 숨어 있는 그 차갑고 살벌한 눈초리를 예수님도 느끼셨을 것입니다.

이렇게 불안한 시점에서 예수님은 공식적으로 자신의 신분을 드러내십니다. 드디어 예수님의 때가 되었기 때문입니다. 인류를 구원할 십자가의 사역을 감당할 때가 된 것입니다. 멸망에 빠질 수밖에 없었던 인류에게 부활과 생명을 주시는 예수님의 사역이 시작된 것입니다.

부활이며 생명이신 예수님

백성들의 열렬한 환호는 죽은 나사로를 무덤에서 살리신 사건과 깊은 연관성이 있습니다. 그 사실을 목격한 사람들이 그 일을 증언하였고, 그래서 많은 무리가 예수님을 맞으러 나왔다고 쓰여 있습니다.

> 예수께서 무덤에서 나사로를 불러내어 죽은 사람들 가운데서 살리실 때에 함께 있던 사람들이 그 일어난 일을 증언하였다. 이렇게 무리가 예수를 맞으러 나온 것은 예수가 이런 표징을 행하셨다는 말을 들었기 때문이다. (요 12:17-18)

예수님은 그동안 많은 병자를 고치시고, 수많은 기적을 베푸셨습니다. 죽은 사람을 살린 일도 있습니다. 그러나 무덤에 이미 장사된 사람을 살리신 것은 나사로가 유일합니다. 예수님께서 십자가의 죽음을 앞에 두고, 나사로를 살리신 것은 중요한 영적 의미가 있습니다. 그 사건은 무덤에 장사되었다가 부활하시는 예수님을 예표 한 것입니다.

예수님은 나사로를 살리기 직전, 슬퍼하고 있는 마르다에게 말씀하십니다.

"나는 부활이요 생명이니, 나를 믿는 사람은 죽어도 살고, 살아서 나를 믿는 사람은 영원히 죽지 아니할 것이다. 네가 이것을 믿느냐?" (요11:25-26)

예수님은 자신이 부활이며 생명이고, 예수님을 믿으면 영원한 부활의 생명을 얻는다는 것을 직접 말씀하십니다. 예수님은 지금도 우리에게 묻고 계십니다.

"네가 이것을 믿느냐?"

있는 모습 그대로

예루살렘 입성 장면을 읽으며, 예수님의 특이한 성품 하나가 눈에 띄었습니다. 예수님은 우리의 있는 모습 그대로를 용납하시는 분이라는 사실입니다. 미래를 다 아시는 분이니, 그토록 열광적으로 환호하는 사람들의 마음이 곧 바뀔 것도 알고 계셨습니다. 그들의 믿음은, 변하기 쉬운 너무나도 작은 믿음이었다는 것을 아셨습니다. 그런데도 군중들의 그 믿음을, 그 찬양을, 기쁘게 받으십니다. 곧 배반으로 바뀔 베드로의 신앙고백을 기뻐하셨던 것처럼, 군중들의 환호와 찬양을 기뻐하십니다. 예수님은 우리의 믿음이 약하면 약한 대로, 성숙하면 성숙한 대로, 그 수준을 인정해 주시고 용납해 주십니다.

군중들은 예수님이 누구신지 확실히 알지 못했습니다. 예수님을 메시아라고 믿기보다는, 메시아이기를 바라고 있었던 것입니다. 그들이 바라고 기대한 메시아는 로마의 압제와, 가난과 질병에서 민족을 구원해 줄 분이었습니다. 예수님의 지혜, 그 권위 있는 말씀, 오병이어의 기적, 병자를 고치고, 죽은 사람도 살리신 놀라운 능력. 예수님은 그들이 기대하고 있던 메시아와 잘 들어맞았던 것입니다.

그러나 예수님의 모습이 자기들의 기대에서 벗어나자, 그들은 냉정하게 등을 돌립니다. 무능력해 보이는 예수님의 모습에 실망과 배반감을 느꼈을 것입니다. 열광적으로 환호하던 군중과, 예수님을 죽이라고 외쳤던 군중이, 완전히 일치된 무리라고 볼 수는 없을 것입니다. 그러나 수많은 군중들이 예수님의 죽음에 차갑게 침묵하고 있었던 것만은 사실입니다. 메시아라면 그렇게 무력하게 잡히고, 조롱을 당하고, 죄인처럼 죽임을 당할 수는 없다고 생각했을 것입니다.

그들이 기다린 메시아는 정치적인 구원자였지만, 예수님은 우리를 죄와 사망에서 구원하시는 영적인 구원자입니다. 인간은 육적인 존재이기 때문에, 영적인 세계에 대해서 이해하기가 힘듭니다.

예수님을 인격적으로 깊이 만나지 못하면, 자기 방식대로 자기가 바라는 대로 예수님을 믿게 됩니다. 예수님을 필요로 하고 있지만 사랑하지는 않는 이기적인 믿음입니다. 예수님을 자기의 요구를 채워 주시는 분으로만 이해합니다. 그러다가 자기의 요구가 채워지지 않으면 믿음이 약해지고, 시험에 들게 됩니다. 영적 아기의 모습입니다.

예수님은 영적 아기의 모습조차도 그대로 용납하고 사랑해 주시지만, 아기의 모습을 벗어나서, 계속 성장하기를 기대하십니다. 우리가 그 자리에 계속 멈추어 있다면 많이 걱정하고 슬퍼하실 것입니다.

예수님을 열렬히 환호하며 찬양했지만 금세 등을 돌렸던 군중들. 그러나 그들 중에는 나중에 베드로의 오순절 설교를 듣고서, 회개하고 구원을 받은 성도들도 있었을 것입니다. 또 다른 기회에 전도를 받고 큰 믿음으로 자라나, 예수님을 위해 목숨을 바친 성도들도 있었을 것입니다. 예수님은 그들 안에 있는 미래의 가능성을 보셨을 것입니다. 예수님은 현재의 우리 모습 그대로를 사랑해 주시지만, 변화되고 성장한 미래의 모습까지도 다 아시는 분입니다. 믿음이 자라고 성숙한 모습을 기대하며, 오래 참고 기다려 주시는 분입니다.

승리의 선포

마지막 19절을 읽으며 미소가 나왔습니다. 예수님을 죽이려는 바리새파 사람들이 한 말 때문입니다.

"이제 다 틀렸소. 보시오. 온 세상이 그를 따라갔소." (요
12:19)

주님은 유머가 있는 분이라서, 믿음이 없는 자들을 사용하셔서
영적인 예언을 하게 하신 예가 여러 번 있습니다. 바리새인이 한
이 말도, 주님께서 악한 자들의 입을 사용하셔서 예언을 하셨다는
생각이 듭니다.

그들은 예수님을 죽이려고 계획을 짜고 있었고, 예수께서 살리
신 나사로까지도 죽일 모의를 하고 있었습니다. 그들이 그렇게 많
은 기적을 보고도, 또 믿을 만한 수많은 증거들을 보고도, 믿지 않
았던 것은 사탄의 지배를 받고 있었기 때문입니다. 사도 바울은
'이 세상의 신이 믿지 않는 자들의 마음을 어둡게 하여 복음의 빛을
보지 못하게 한다.'고 말했습니다.

예루살렘에 입성하시는 예수님을 수많은 무리들이 환영하며
따르자, 자기들의 계획이 수포로 돌아갔다고 여깁니다. 이제는 다
틀렸다는 자포자기의 말을 한 것입니다.

이 말은 마지막 때, 사탄이 시인할 수밖에 없는 패배의 선언입
니다. 그리고 주님을 믿는 성도들에게는 승리의 선포입니다. 비록
예수님은 초라한 모습으로 입성하셨지만, 마지막 주님 오시는 그
때, 사탄은 멸망하고 **온 세상이 예수님을 따라가는** 완전 승리가 있
을 것입니다. 군중들이 종려 가지를 꺾어 들고, 호산나를 부르며,
예수님을 찬양하는 모습은, 마지막 예수님의 승리를 예표 하는 것

입니다.

예수님은 승리를 선포하셨습니다. 세상에서 어려움을 당할지라도, 예수님의 승리로 인해 우리는 담대하게 세상을 이기며 살아갈 수 있습니다. 예수님이 승리를 선포하셨으니, 우리도 승리를 선포할 수 있습니다.

"내가 이것을 너희에게 말한 것은, 너희가 내 안에서 평화를 얻게 하려는 것이다. 너희는 세상에서 환난을 당할 것이다. 그러나 용기를 내어라. 내가 세상을 이겼다." (요 16:33)

왜 예수님의 이름으로
기도하나요?

어느 날 일대일 성경 공부를 하던 자매가 물었습니다.

"예수님의 이름으로 기도한다는 말을 안 하면, 그 기도를 사탄이 빼앗아 간다는데, 사실인가요?"

그 질문을 받자, 바로 며칠 전에 관심을 가지고 읽었던 사도행전이 떠올랐습니다. 나는 즉각 대답할 수 있었습니다.

"하나님은 자녀의 기도를 사탄에게 빼앗기는 분이 아니세요. 사탄도 창조주 하나님의 통치 아래 있는 피조물에 불과해요."

나는 성경을 펼쳐서 관련된 구절들을 읽어 주며 설명해 주었습니다.

> 베드로가 말하기를 "은과 금은 내게 없으나 내게 있는 것을 그대에게 주니, 나사렛 예수 그리스도의 이름으로 일어나 걸으시오" 하고 그의 오른 손을 잡아 일으켰다. 그는 즉시 다리와 발목에 힘을 얻어서 벌떡 일어나 걸었다. 그는 걷기도 하고 뛰기도 하며 하나님을 찬양 하면서 그들과 함께 성전으로 들어갔다. (행3:6-8)

베드로가 나면서부터 걷지 못하는 걸인을 예수님의 이름으로 기도하여 고치는 모습입니다. 베드로는 확실히 '예수 그리스도의 이름으로……' 라고 기도했고, 그 기도는 즉시 응답되었습니다. 베드로의 기도에 또 다른 사례가 있습니다.

> 베드로는 모든 사람을 바깥으로 내보내고 나서 무릎을 꿇고 기도를 하였다. 그리고 시신 쪽으로 몸을 돌려서 "다비다여, 일어나시오!" 하고 말하였다. 그 여자는 눈을 떠서 베드로를 보고 일어나서 앉았다. (행9:40)

베드로의 기도로 죽었던 여자가 살아나는 장면입니다. 베드로는 '예수님의 이름으로'라는 말을 하지 않았는데도 기도는 즉시 응답됩니다. 소리 내어 말하지는 않았지만, 중심에 예수님이 계셨기 때문에 능력이 나타납니다. 그와 반대되는 사례도 있습니다.

> 그런데 귀신 축출가로 행세하며 떠돌아다니는 몇몇 유대 사람이 "바울이 전파하는 예수를 힘입어서 내가 너희에게 명령한다." 하고 말하면서 악귀 들린 사람들에게 주 예수의 이름을 이용하여 귀신을 내쫓으려고 시도하였다. 스게와라는 유대인 제사장의 일곱 아들도 이런 일을 하였는데 귀신이 그들에게 "나는 예수도 알고 바울도 알지만 당신들은 도대체 누구요?" 하고 말하였다. 그리고서

악귀 들린 사람이 그들에게 달려들어 그들을 짓눌러 이기니 그들은 몸에 상처를 입고서, 벗은 몸으로 그 집에서 도망하였다. (행19:13-16)

스게와의 아들들은 분명 예수님의 이름으로 기도했는데도 그 기도에는 아무런 힘이 없었습니다. 진정으로 예수님을 의지한 기도가 아니었기 때문입니다. 형식적으로 예수님의 이름만을 부르는 기도는 아무런 능력이 없습니다. 진정으로 예수님을 주인으로 모셔야만 그 능력이 나타납니다.

예수님의 이름으로 기도하는 이유에 대해 생각해 보게 된 계기는, 몇 해 전 한 청년의 질문 때문이었습니다. 그가 물었습니다.

"기도를 마칠 때, 왜 예수님의 이름으로 기도한다는 말을 하나요?"

그 청년은 그저 궁금해서 물었을 질문이, 내게는 신선함으로 다가왔습니다. 당연했던 일에 대해서 처음으로 의문을 가지게 된 것입니다. 너무 익숙해져 있어서 그 의미와 깊이를 깨닫지 못했다는 생각이 들었습니다. 나는 비로소 예수님의 이름으로 기도하는 성경적인 근거가 무엇일까 찾아보았습니다.

예수님은 요한복음 14, 15, 16장에서 제자들에게 보혜사 성령을 보내주시겠다는 약속을 하십니다. 그리고 그와 함께 또 하나의 중요한 약속을 하십니다. 예수님의 이름으로 기도하면 다 들어 주시겠다는 약속입니다. 성령을 보내 주시겠다는 약속과 함께, 여러

번 반복적으로 중요한 비중으로 말씀하십니다. 그 약속이 우리가
예수님의 이름으로 기도하는 근거라는 것을 알게 되었습니다.

> 너희가 내 이름으로 구하는 것은 내가 무엇이든지 다 이
> 루어 주겠다. 이것은 아들로 말미암아 아버지께서 영광
> 을 받으시게 하려는 것이다. (요14:13)

> 너희가 무엇이든지 내 이름으로 구하면 내가 다 이루어
> 주겠다. (요14:14)

> 그리하여 너희가 내 이름으로 아버지께 구하는 것은 무
> 엇이든지 다 받게 하려는 것이다. (요15:16)

> 지금까지는 너희가 아무것도 내 이름으로 구하지 않았
> 다. 구하여라. 그러면 받을 것이다. 그래서 너희의 기쁨이
> 넘치게 될 것이다. (요16:24)

이 말씀들을 깊이 묵상하면서, 왜 성령을 보내주시겠다는 약속
과 함께, 예수님의 이름으로 기도하면 이루어 주겠다고 하셨는지,
그 이유를 깨달을 수 있었습니다. 우리 안에 계신 성령님의 능력
이 바로 예수님의 능력이기 때문입니다. 우리 안에 성령님이 계셔
야만, 예수님의 이름으로 기도할 수 있기 때문입니다. 그 능력을

힘입어 기도하면, 예수님과 똑같은 능력을 나타내 주시겠다고 약
속하신 것입니다. 그 능력은 우리의 능력이 아니라, 예수님의 능
력입니다. 예수님의 이름으로 기도할 수 있다는 것은 믿는 자들의
큰 축복입니다.

왜 일요일(주일)에
예배드리나요?

일요일에 예배를 드리는 이유는?

한 청년이 내게 물었습니다.

"원래 안식일은 토요일인데 왜 일요일 날 예배를 드리나요?"

"예수님의 부활을 기념해서 주일에 예배를 드리게 되었다고 들었어요."

"그러나 그건 함부로 법을 바꾼 것 아닌가요? 성경적 근거도 없이 그렇게 바꾸어도 되나요?"

나는 그 청년의 진지한 질문에 무어라고 대답할지 난감했습니다.

"솔직히 그 문제에 대해 생각해 본 적이 없어서 잘 모르겠는데, 나중에 다시 얘기하도록 해요."

나는 집에 돌아와서 그 문제에 대해 기도를 드렸습니다. 성령님은 사도행전 2장을 떠올려 주셨습니다.

언제 읽어도 가슴이 뛰는 오순절 성령강림 사건입니다. 오순절 성령강림과 함께 예수님의 첫 교회 공동체가 탄생했습니다. 감격적인 첫 예배를 드렸고, 베드로가 첫 설교를 했습니다. 그 날 삼천 명이 예수님의 이름으로 첫 세례를 받았습니다.

첫 예배를 드렸던 그 날은 오순절이었고, 안식일 다음날인 일요일, 즉 주일이었습니다. 오순절은 항상 일요일과 일치합니다.

> 너희가 안식일 다음 날 곧 곡식 단을 흔들어서 바친 그 날
> 로부터 일곱 주간을 꼭 차게 세고, 거기에다가 일곱 번째
> 안식일 다음날까지 더하면 꼭 오십일이 될 것이다. 그 때
> 에 너희는 햇곡식을 주에게 곡식 제물로 바쳐야한다. (레
> 23:15-16)

첫 곡식 단을 흔들어 바치는 날을 초실절이라고 합니다. 처음 추수한 곡식을 하나님께 바치는 날입니다. 이 기간은 보리추수 기간이라, 첫 추수한 보리를 바치는 것입니다. 초실절은 무교절 기간 중에 있는, 첫 안식일 다음 날입니다. 예수님은 유월절에 돌아가시고 초실절에 부활하셨습니다. 초실절부터 세어서 일곱 째 안식일 다음 날이 오순절입니다. 처음 추수한 햇곡식인 밀을 제물로 바치는 날입니다. 그 오순절 날에 성령이 강림하신 것입니다. 성령강림과 함께 교회 공동체가 탄생한 날, 공식적인 첫 예배를 드린 날입니다.

일 년 중 첫 곡식 단을 바치는 초실절에 예수님이 부활하셨고, 햇곡식을 제물로 드리는 오순절에 첫 예배를 드리게 하셨다는 사실이 놀라웠습니다. 이 모든 일들이 하나님의 철저한 계획 속에서

이루어졌다는 것을 알게 되었습니다.

나는 성령님께서 깨닫게 하신 것들을 그 청년과 함께 나누었습니다. 그러나 그는 내 말을 다 듣고 나서도 여전히 말했습니다.

"성경적 근거가 있다는 것은 인정하겠어요. 그러나 그렇다고 안식일을 일요일로 바꾼 것은 법을 함부로 바꾼 것 아닌가요?"

그는 성실하고 예의바른 청년이었지만, 어릴 때부터 배운 안식교의 교리를 벗어버리기는 힘들었던 것 같았습니다. 하나님께서 안식일을 주신 정신과 본질을 생각하기 보다는 그 제도나 의식에 너무나 얽매여 있는 것 같아서 안타까웠습니다.

십자가 구속의 완성

나는 다시 기도를 드렸습니다.

"주님, 어떤 말씀으로 그를 설득할 수 있나요? 그처럼 순수하고 진실한 청년은 보기 힘듭니다. 주님도 그를 사랑하시지요?"

나의 기도를 들으신 성령님은 요한복음 3장 16절 말씀을 주셨습니다.

> 하나님께서 세상을 이처럼 사랑하셔서 외아들을 주셨으니, 이는 그를 믿는 사람마다 멸망하지 않고 영생을 얻게 하려는 것이다. (요3:16)

나는 의아해서 성령님께 다시 여쭈었습니다.

"이 말씀이 토요일이었던 안식일을 주일로 바꾼 것과 무슨 연관이 있나요?"

성령님께서 내게 물으셨습니다.

"구약에서는 누구를 믿어서 구원을 얻었느냐?"

"하나님을 믿어서 구원을 얻었지요."

"그럼 신약에서는 누구를 믿어야 구원을 얻느냐?"

"예수님을 믿어야 구원을 얻지요."

"그렇다. 구약에는 하나님께 초점이 맞추어 있었다. 그러나 신약에서는 예수님께 초점이 맞추어졌다. 그래서 구약에서는 하나님 창조의 완성인 안식일을 구별하여 지켰고, 신약에서는 십자가 구속 사역의 완성인 주일에 예배를 드리게 되었다."

예수님의 십자가 구속의 완성은 교회까지라고 하셨습니다. 예수님을 믿으면 예수님의 영이신 성령님이 우리 안에 들어오십니다. 동시에 우리는 성령님이 거하시는 교회가 되는 것입니다. 또한 예수님은 함께 모여 예배할 수 있는 교회공동체를 만드시고, 그 교회가 성숙하고 성장하도록 항상 함께 하십니다.

> 여러분은 하나님의 성전이며, 하나님의 성령이 여러분
> 안에 거하신다는 것을 알지 못합니까? (고전 3:16)

예수님께서 부활하신 날 저녁에, 예수님의 부활을 보고 믿었던

제자들은 성령을 받게 됩니다. 그 때 도마를 뺀 열 명의 제자뿐만이 아니라, 엠마오로 가던 두 제자를 포함해서, 많은 사람들이 모여 있었습니다. (눅24:33) 예수님께서 그들에게 숨을 불어 넣으시며 성령을 받으라고 하십니다. (요20:22) 예수님의 십자가의 죽음과 부활을 믿은 제자들에게 성령님이 내주하게 된 것입니다. 예수님께서 성령을 받으라며 숨을 불어 넣으시는 모습은, 하나님께서 흙으로 사람을 만드시고 코에 생기를 불어 넣으시는 모습을 연상하게 합니다. 예수님을 믿으면 새로운 피조물로 재창조되는 것입니다.

> 누구든지 그리스도 안에 있으면, 그는 새로운 피조물입니다. 옛것은 지나갔습니다. 보십시오. 새 것이 되었습니다. (고린도 후서 5:17)

부활하신 날 저녁, 제자들은 성령님을 모신 교회인 새로운 피조물로 재창조 되었습니다. 이미 성령님께서 그들 안에 내주하고 계시지만, 그로부터 오십 일째 되는 오순절에, 드디어 성령의 능력을 받게 됩니다. 위로부터 내리는 성령님의 능력을 깊이 체험하게 된 것입니다. 그 날 성령님의 임재 가운데, 첫 예배 공동체가 탄생됩니다. 사람에 의해서가 아니라, 성령님에 의해서 탄생한 교회 공동체입니다. 그 날이 바로 안식 후 첫 날인 주일이었습니다. 주일은 주님의 날이란 뜻입니다. 죽음을 이기고 부활하심으로, 우리에게도 부활의 생명을 주신 예수님을 기념하는 날입니다.

예수님이 부활하신 뒤, 모든 예배 법은 완전히 바뀌었습니다. 예수님의 영이신 성령님께서 내 안에 게시니, 더 이상 제사장이 필요 없습니다. 예수님께서 십자가의 죽음으로 우리의 죗값을 치러 주셨기 때문에 더 이상 속죄 제물이 필요가 없습니다. 이제 우리는 하나님께 직접 나아갑니다. 직접 회개하고, 직접 기도하고, 직접 교제할 수 있습니다. 더 이상 율법의 행위에 의해서가 아니라, 예수님을 믿는 믿음으로 구원을 받을 수 있게 되었습니다.

완전하고 영원한 안식이신 예수님

출애굽기 20:8-11 에서 하나님은, 천지를 창조하신 것에 감사하며 안식일을 거룩하게 지키라고 명령하셨습니다.

안식일을 기억하여 그 날을 거룩하게 지켜라. (출 20:8)

내가 엿새 동안 하늘과 땅과 바다와 그 안에 있는 모든 것을 만들고 이렛날에는 쉬었기 때문이다. 그러므로 나 주가 안식일을 복 주고, 그 날을 거룩하게 하였다. (출 20:11)

신명기에서는 안식일을 거룩하게 지키라는 명령에는 변함이 없지만, 종살이하던 그들을 이집트에서 구원해 내신 것을 기억해서 안식일을 지키라고 하십니다.

> 너희는 기억하여라. 너희가 이집트 땅에서 종살이를 하고 있을 때에, 주 너희의 하나님이 강한 손과 편 팔로 너희를 거기에서 이끌어 내었으므로, 주 너희의 하나님이 너에게 안식일을 지키라고 명한다. (신 5:15)

안식일의 정신은 하루를 구별하여 거룩하게 지키며, 하나님께서 이루신 일에 대해 감사하며 영광을 올려 드리는 것입니다. 그러나 이제는 안식일의 개념이, 천지 창조에 감사하거나 이집트의 종살이에서 구해 주신 것을 기억하는 차원을 넘어섭니다. 멸망에 빠질 수밖에 없는 죄인에게 완전한 구원과 영원한 안식을 주신 예수님의 사랑에 감사하는 것입니다.

예수님은 "안식일이 사람을 위하여 생긴 것이지, 사람이 안식일을 위하여 있는 것이 아니다." 라고 하시며 스스로를 '안식일의 주인'이라고 하셨습니다. 예수님은 모든 법에 주권을 가지셨고, 안식일에도 주체가 되시는 분입니다. 그러나 무엇보다 중요한 영적 의미는 예수님만이 진정한 안식을 주실 수 있는 분이라는 것입니다. 부활이며 생명이신 예수님을 통하여서만 완전하고 영원한 안식을 가질 수 있는 것입니다.

'인자는 안식일의 주인'이라는 예수님의 선포는 그 당시 율법을 목숨처럼 지키던 사람들에게는 너무나도 파격적인 선언이었습니다. 그들에게는 안식일을 지키는 자체가 목적이었을 뿐, 하나님에 대한 사랑과 감사가 없었습니다. 안식일에 대해 수많은 세부 사항들을 만들어 놓고, 그것을 형식적인 의무감으로 지켜야 했습니다. 자신에게도 무거운 짐이었지만, 그것으로 인해, 남을 감시하고 정죄하는 풍토가 자리 잡고 있었던 것 같습니다. 예수님과 제자들에게도 안식일 문제로 여러 번 트집을 잡는 내용이 복음서에 나옵니다. 그 일은 사도 바울 시대까지 이어졌던 것 같습니다. 사도 바울이 안식일이나 율법 문제로 안타까워하는 내용을 서신서에서 여러 번 볼 수 있습니다.

> 그러므로 먹고 마시는 일이나 명절이나 초승달 축제나 안식일 문제로 아무도 여러분을 심판하지 못하게 하십시오. 이런 것은 장차 올 것들의 그림자일 뿐이요, 그 실체는 그리스도에게 있습니다. (골로새서 2:16-17)

> 여러분이 날과 달과 계절과 해를 지키고 있으니, 내가 여러분을 위하여 수고한 것이 헛될까 염려됩니다.(갈 4:10-11)

사도 바울은 안식일이나 율법적인 관습들이 구원과는 상관이 없다는 것을 강조하고 있습니다. 지금 이 시대에도 안식일이나 유대인의 절기들이, 구원의 조건이라고 주장하는 사람들이 있는 것을 보면, 그 당시엔 얼마나 심했을지 짐작할 수 있습니다.

안식일을 포함한 모든 율법들은 불완전한 법이었습니다. 율법을 지킨다는 것은 하나님과 최소한의 관계를 유지하는 중간 과정일 뿐이었습니다. 율법으로는 하나님께 직접 나아갈 수 없었습니다. 제사장이 대신해서 제사를 지냈고, 매 번 제물을 바쳐야 했습니다. 구약의 안식일은 불완전한 율법의 특성이 있었기 때문에, 두려운 마음을 가지고 의무적으로 지킬 수밖에 없었습니다.

이 불완전한 율법을 예수님께서 십자가의 죽음과 부활로 완성시키셨습니다. 그래서 주일, 즉 주님의 날은 완성된 개념의 예배일이라고 할 수 있습니다. 예수님은 약속하신 성령을 내려 주심으로, 첫 예배공동체를 탄생시키셨습니다. 이제 우리 안에 성령님이 함께 하시니, 주님과 직접 교제하며, 직접 회개하며, 직접 응답 받을 수 있습니다. 성령의 임재 안에서, 구원을 이루어 주신 하나님께 감사하며, 감격하며, 기쁨으로 예배를 드릴 수 있습니다.

그리고 예수님께서 안식일을 주일로 바꾸신 데에는 또 하나의 중요한 이유가 있다고 생각합니다. 옛 율법과 유대의 관습에서 그리스도교를 구분하기 위해서라는 생각이 듭니다. 새로운 개념의 예배를 드리기 위해서는, 율법 시대의 산물인 안식일에서 벗어나는 것이 필요했을 것입니다.

이 모든 것을 계획하시고 이루시는 하나님께 감사를 드립니다. 하나님의 궁극적인 목적은 우리를 구원하셔서, 영원한 생명 즉 영원한 안식을 누리게 하시려는 것입니다. 또 하나의 작은 목적은 이 땅에서도 예수님이 다스리시는 하나님 나라를 이루고, 주님과 깊은 교제를 통해 행복하고 보람 있는 삶을 살도록 하는 것입니다.

3

성경 속 인물에 대한
질문들

하나님은
왜 이삭을 바치라고 하셨을까요?

도저히 이해할 수 없는 명령

언젠가 구역예배 모임에서 한 집사님이 말했습니다.

"저는 하나님이 이삭을 바치라고 한 일은 도저히 이해가 안 돼
요. 자식을 바치라는 것보다 차라리 내가 죽는 게 낫겠어요."

그의 말에 어느 정도 수긍이 되었고, 나 역시 이삭을 바치라고
하신 이유를 자세히 알고 싶었습니다. 창세기 22장을 읽어 보니 1
절에 그 이유가 확실하게 나와 있었습니다.

> 이런 일이 있은 지 얼마 뒤에, 하나님이 아브라함을 시험
> 해 보시려고 그를 부르셨다. "아브라함아!" 하고 부르시
> 니, 아브라함은 "예, 여기 있습니다."하고 대답하였다. (창
> 세기 22:1)

성경에는 너무나도 간단하게 **'아브라함을 시험해 보시려고'**라고
쓰여 있습니다. 그러나 막상 영문을 모르고 있었던 아브라함은 너

무나 놀랐을 것 같습니다. 말도 안 되는 그 엄청난 명령을 도저히 이해할 수 없었을 것입니다. 그는 계속 '왜?'라고 물었을 것 같습니다.

"하나님은 자기 자식을 제물로 바치는 것을 금하지 않으셨습니까? (레20:2)" "하나님은 이삭에게서 나오는 자가 저의 씨가 될 것이라고 하시지 않았나요? (창21:13)" "저의 자손이 하늘의 별처럼 많아질 거라고 하지 않으셨나요? (창15:5)" 그런데, 왜? 왜?

자식을 가진 부모라면 아브라함의 마음이 얼마나 참담했을지 짐작할 수 있습니다. 성경에는 아브라함이 겪었을 고통과 갈등이 완전히 생략되어 있습니다. 그러나 그가 명령을 들은 순간부터, 다음날 아침 순종하기까지에는 납득하는 과정이 있었으리라 생각이 듭니다. 고통과 절망을 극복하고 하나님의 뜻을 헤아리기 위해서는 간절한 기도의 시간이 있어야 합니다. 그가 할 수 있었던 것은 오직 기도뿐이었을 것입니다. 그는 밤을 새워 생사를 거는 절박한 기도를 드렸을 것입니다. 기도에는 하나님을 전적으로 신뢰하게 하고, 믿음으로 나아가게 하는 힘이 있습니다. 상황은 변하지 않아도 하나님의 평화가 그 마음과 생각을 지켜 줍니다.

복을 주기 위한 시험

그 당시 아브라함이 어떤 생각을 했고, 어떤 상태에 있었는지는 히브리서를 통해 조금은 알 수 있습니다. 히브리서 기자는 성령의 계시로 그 때의 상황을 재해석해 주고 있습니다.

> 아브라함은 시험을 받을 때에 믿음으로 이삭을 바쳤습니
> 다. 더구나 약속을 받은 그가 그의 외아들을 기꺼이 바치
> 려 했던 것입니다. 일찍이 하나님께서 아브라함에게 말
> 씀하시기를 "이삭에게서 네 자손이라 불릴 자손들이 태
> 어날 것이다" 하셨습니다. 하나님은 이삭을 죽은 사람들
> 가운데서도 되살리실 수 있다고 아브라함은 생각했던 것
> 입니다. 그러므로 비유하자면 아브라함은 이삭을 죽은
> 사람들 가운데서 되받은 것입니다. (히11:17-19)

하나님은 약속을 꼭 지키시는 신실한 분이란 것을 아브라함은
확실히 믿었습니다. 오랜 세월을 기다리긴 했지만, 약속대로 아들
을 주셨습니다. 불가능을 가능케 하시는 능력의 하나님을 여러 번
경험했습니다. 이삭을 통해 자손이 하늘의 별처럼 번성할 것이라
고 약속하셨으니, 이삭이 죽더라도 다시 살려 주실 것이라고 굳게
믿었습니다. 그래야 하나님의 약속이 이루어 질 것이기 때문입니
다. 그 약속을 믿고, 귀하게 얻은 외아들 이삭을 제물로 바칠 수 있
었습니다. 히브리서 기자는 이삭을 죽은 사람이라고 표현하고 있
습니다. 아브라함은 칼로 이삭을 찌르려고 시늉만 했던 것이 아니
라, 완전히 죽인 것이나 마찬가지였습니다. 이삭은 죽음에서 다시
살아난 것입니다.

나는 여기서 이삭의 마음은 어땠을까 생각해 보았습니다. 그는 보통 때와는 다른 아버지의 기색을 느꼈을 것입니다. 더구나 불과 장작은 있는데, 번제로 드릴 어린 양은 없었습니다. 의아하게 생각한 이삭이 묻자, 하나님이 손수 마련해 주실 거라고 했습니다. 그러나 납득할 만한 대답은 아니었습니다. 아버지는 불과 칼을 들고, 이삭은 번제로 드릴 나무를 지고 갔습니다. 어린 양을 다 태워야 할 만큼의 나무라면 꽤 무거울 텐데, 그는 이미 건장한 청년이 되어 있었던 것 같습니다. 어쩌면 아버지보다 힘이 더 셀 수도 있었습니다. 아브라함은 이삭의 동의 없이는 그를 결박하는 것조차 불가능했을 것입니다.

이삭은 제단 나무 위에서 칼로 찔리기까지 아무런 반항을 안 합니다. 아브라함도 대단하지만 이삭도 정말 대단하다는 생각이 듭니다. 아브라함은 이삭을 결박하기 직전에, 하나님의 명령에 대해 그에게 솔직하게 털어놓았을 것 같습니다. 이삭은 아브라함을 신뢰했고, 하나님의 선하심을 믿었으리라 생각합니다. 그러나 무엇보다도 하나님께서 아브라함과 이삭의 마음을 주장하셔서, 순종할 수 있는 힘을 주셨으리라 생각합니다. 순종할 수 있는 마음과 힘을 주시는 분도 하나님이시기 때문입니다. 하나님은 스스로 계획하셨으니, 그들이 시험을 이길 것을 이미 다 알고 계셨을 것입니다. 그런데도 아브라함의 믿음을 기뻐하시며 축복 하십니다. 하나님은 칭찬하고 복을 주기 위해서 시험을 주셨다는 생각이 듭니다.

믿음의 고백을 통한 영적 확신

사실 외아들 이삭을 바치기 전까지, 아브라함에게는 특별한 믿음의 모습이 보이지 않았습니다. 가는 곳마다 제단을 쌓고, 하나님의 이름을 부르며 예배드리는 모습은 있었지만, 너무나 소극적인 믿음이라는 느낌이 들었습니다. 두 번씩이나 아내를 누이라 속여 빼앗길 뻔했다가, 하나님의 개입으로 찾을 수 있었습니다. 아들을 약속받았지만, 긴가민가하며 확실히 믿지 못했습니다.

> 아브라함은 얼굴을 땅에 대고 엎드려, 웃으면서 혼잣말을 하였다. "나이 백 살 된 남자가 아들을 낳는다고? 또 아흔 살 되는 사라가 아이를 낳을 수 있을까?" (창세기 17:17)

그런데도 하나님은 아브라함에게 믿음이 있다고 하셨고, 그의 믿음을 의롭다고 하셨습니다. 아브라함을 항상 과대평가하셨다는 느낌이 듭니다. 어쩌면 아브라함도 자신을 과대평가해 주시는 하나님이 고맙기도 했지만, 한편으로는 부담되고 죄송한 마음이었을 것 같습니다. 이삭을 바친 사건은 이 모든 부담을 깨끗이 없애주는 사건이라는 생각이 듭니다.

> 우리 조상 아브라함이 자기 아들 이삭을 제단에 바치고서 행함으로 의롭게 된 것이 아닙니까? 그대가 보는 대로 믿

음이 그의 행함과 함께 작용을 한 것입니다. 그러므로 행
함으로 믿음이 완전하게 되었습니다. (야고보서 2:21-22)

이삭을 바친 사건은 아브라함에게는 확실한 믿음의 고백입니
다. 야고보는 그가 행함으로 믿음이 완전하게 되었다고 해석하고
있습니다. 하나님이 아브라함의 수준을 몰라서 시험하신 것이 아
닙니다. 아브라함 스스로 자신의 믿음을 확인하도록 하셨다는 생
각이 듭니다. 내세울 것 없던 그의 믿음이 확고해지고, 영적 자신
감을 가질 수 있도록 해 주신 것입니다. 시련을 통해 그는 '믿음의
조상'이라는 이름에 걸맞은 믿음을 가지게 되었습니다. 하나님의
시험은 항상 우리를 위한 것이고, 그 분의 깊고 큰 사랑이라는 생
각이 듭니다. 영적으로 유익을 주고, 더 큰 믿음으로 발전시키기
위함입니다.

하나님은 처음 그를 부르실 때부터 여러 차례에 걸쳐, 그가 복
의 근원이 될 것이라고 축복하셨습니다. 그리고 시험을 이긴 후에
다시 축복하셨습니다.

"네가 나에게 복종하였으니, 세상 모든 민족이 네 자손의
덕을 입어서, 복을 받게 될 것이다. (창 22:18)

사도 바울은 세상 모든 민족에게 복을 줄 '자손'이 누구인지, 그
영적인 의미에 대해 설명하고 있습니다.

그런데 하나님께서 아브라함과 그 후손에게 약속을 말씀
하실 때에, 마치 여러 사람을 가리키는 것처럼 '후손들에
게'라고 말씀하시지 않고 단 한 사람을 가리키는 뜻으로
'너의 후손에게'라고 말씀하셨습니다. 그 한 사람은 곧 그
리스도이십니다. (갈 3:16)

여기에 나오는 아브라함의 '후손'은 복수가 아닌 단수로 쓰여 있
고, 그가 바로 그리스도라는 것입니다. 그리스도로 인해 세상 모
든 민족이 복을 받게 되었습니다. 아브라함은 믿음으로 의롭다고
여겨졌는데, 아브라함에게 주신 축복이 우리에게도 동일하게 적
용되는 것입니다.

'그가 의롭다는 인정을 받았다.' 하는 말은, 아브라함만을
위하여 기록된 것이 아니라, 하나님께서 의롭다고 여겨
주실 우리, 곧 우리 주 예수를 죽은 사람들 가운데서 살리
신 분을 믿는 우리까지도 위한 것입니다. 예수는 우리의
범죄 때문에 죽임을 당하셨고, 우리를 의롭게 하시려고
살아 나셨습니다. (롬4:23-25)

하나님께서 아브라함에게 주신 풍성한 축복의 말씀들이 그에
게만이 아니라 우리에게 주신 말씀도 된다는 사실에 놀라게 됩니
다. 하나님의 구원 계획이 얼마나 정교하고 세밀한지 그 능력에

감탄할 수밖에 없습니다. 또한 포기하지 않으시는 그 큰 사랑에 감격하며 감사하게 됩니다. 아브라함을 지나치게 편애하셨고 과대평가하셨다고 생각했는데, 나에게도 똑같이 오래 참으시고, 편애하시고, 과대평가해 주셨습니다.

모리아산에서 그리스도까지

이삭을 바치라고 명하신 모리아산은 아주 유서 깊은 예배의 장소입니다. 그 장소가 오르난의 타작마당으로, 후에 솔로몬 성전까지 연결되고 있다는 사실이 놀랍습니다. 다윗왕이 인구조사를 해서 죄를 지었을 때, 전염병으로 이스라엘 백성이 7만 명이나 죽었습니다. 다윗과 장로들은 부르짖으며 전염병을 거두어 달라고 기도합니다. 하나님은 오르난의 타작마당에 제단을 쌓으라고 명하십니다. 거기서 화목제와 번제를 드리면서 기도할 때, 하늘로부터 불을 번제단 위에 내려서 응답하십니다. 다윗은 그곳이 성전을 지을 장소라는 것을 알게 됩니다. 다윗이 죽은 후, 그의 아들 솔로몬이 그 장소에 성전을 짓게 됩니다.

> 그 때에 다윗이 말하였다. ”바로 이 곳이 주 하나님의 성
> 전이요, 이 곳이 이스라엘의 번제단이다.“ (역대상 22:1)

솔로몬은 예루살렘 모리아산에 주님의 성전을 짓기 시작
하였다. 그 곳은 주님께서 그의 아버지 다윗에게 나타나
셨던 곳이다. 본래는 여부스 사람 오르난의 타작마당으
로 쓰던 곳인데 다윗이 그 곳을 성전 터로 잡아 놓았다.
(역대하 3:1)

하나님께서 이삭 대신 친히 번제할 숫양을 준비하셨기에, '여호
와이레(여호와가 준비하심)'라고 불렀던 그 장소가 성전으로까지
이어지게 되었다는 게 생각할수록 신기합니다. 성전 터조차도 이
미 하나님께서 준비하셨던 것입니다. 천 년이란 세월이 흘렀는데
도, 퍼즐이 맞춰지듯 딱 들어맞은 것은 하나님의 철저한 계획안에
서 이루어졌기 때문입니다. 사실 성경을 공부하다보면, 이렇게 소
름끼치게 놀라운 일들을 많이 발견하게 됩니다.
처음에는 이삭을 바치는 사건을 단순히 아브라함의 순종으로
만 이해했습니다. 그러나 말씀을 깊이 묵상할수록 많은 영적인 의
미들을 깨닫게 되었습니다. 아브라함의 믿음이 나의 믿음과 연결
되어 있고, 모리아산의 제사가 예수님의 그림자인 성전으로 연결
되어 있다는 것에 경이를 느낍니다. 아브라함은 하나님의 말씀에
순종하기 위해 외아들을 제물로 바칩니다. 이 세상에서 하나님보
다 더 귀한 것이 없다는 믿음의 고백입니다. 이삭 역시 아버지와
하나님께 죽기까지 순종합니다. 그리고 하나님이 계획하신대로,
죽지 않고 살아납니다. 여기서 독생자를 아낌없이 이 땅에 보내신

하나님의 모습과, 인류를 구원하기 위해 죽기까지 순종하시고 부활하신 예수 그리스도의 모습을 보게 됩니다.

아브라함은 하나님과 친밀한 교제를 나눈 사람입니다. 하나님은 그에게 미래에 대해서도 많은 말씀들을 해 주셨습니다. 그는 하나님께서 인정하신 예언자입니다. (창 20:7)

> "너는 똑똑히 알고 있어라. 너희 자손이 다른 나라에서 나 그네살이를 하다가, 마침내 종이 되어서, 400년 동안 괴로움을 받을 것이다. 그러나 너의 자손을 종살이하게 한 그 나라를 내가 반드시 벌할 것이며, 그 다음에 너의 자손이 재물을 많이 가지고 나올 것이다. (창15:13-14)

이 예언의 말씀들이 600년 후에 놀랄 정도로 정확하게 이루어지게 됩니다. 재물을 많이 가지고 나올 것이라는 예언까지도 딱 들어맞는 것을 보게 됩니다.

> 내가 너를 크게 번성하게 하겠다. 너에게서 여러 민족이 나오고, 너에게서 왕들도 나올 것이다. 내가 너와 세우는 언약은, 나와 너 사이에 맺는 것일 뿐 아니라, 너의 뒤에 오는 너의 자손과도 대대로 세우는 영원한 언약이다. 이 언약을 따라서 나는 너의 하나님이 될 뿐만 아니라, 뒤에 오는 너의 자손의 하나님도 될 것이다. (창 17;6-7)

약속대로 그의 자손에게서 이스라엘의 왕들이 나왔습니다. 그리고 영원한 왕이신 예수님이 나오십니다. 모든 세상의 왕들과 나라들은 멸망했지만, 만왕의 왕이신 예수 그리스도와 하나님의 나라는 멸망하지 않고 영원히 이어집니다. 이 영원한 언약에 따라 예수님을 믿은 우리까지도 약속의 자녀로서 영원한 생명을 받게 된 것입니다.

> "그가 의롭다는 인정을 받았다.' 하는 말은, 아브라함만을 위하여 기록된 것이 아니라, 하나님께서 의롭다고 여겨 주실 우리, 곧 우리 주 예수를 죽은 사람들 가운데서 살리신 분을 믿는 우리까지도 위한 것입니다. 예수는 우리의 범죄 때문에 죽임을 당하셨고, 우리를 의롭게 하시려고 살아나셨습니다. (로마서 4:23-25)

예수님을 믿는 믿음으로 우리는 의롭다는 인정을 받았습니다. 그것이 믿음의 조상인 아브라함에게 주신 영원한 약속일뿐만이 아니라, 우리에게도 주신 약속입니다.

나는 처음에 아브라함이 이삭을 바치라고 한 명령에 대해서, 하나님이 참 너무하신다고 생각했었습니다. 그러나 하나님은 이미 시험에 이긴, 승리한 아브라함을 보고 계셨습니다. 믿음의 사람들에게 하나님이 주시는 시험은 이미 승리가 약속된 시험입니다. 이미 이길 길을 다 마련해 주시고, 감당할 수 있게 하신 것입니다. 이삭을 바치라고 하신 시험은 큰 고통이고 절망이었지만, 결국 축복으로 이어지는 통로였습니다. 우리는 하나님이 하시는 일들을 이해하지 못할 때가 많지만, 결국엔 가장 선하고 유익한 길로 인도하신다는 것을 압니다. 나를 나 자신보다 더 사랑하시는 아버지이시기 때문입니다. 그 놀라운 은혜와 사랑에 오늘도 가슴이 벅찹니다.

신실한 세례 요한에게
왜 의심이 생겼을까요?

목숨을 건 절박한 물음

"오실 그분이 당신이십니까? 그렇지 않으면 우리가 다른 분을 기다려야 합니까?"

세례 요한이 제자들을 보내 예수님께 한 질문입니다. 이 질문을 할 수밖에 없었던 세례요한의 고통이 나의 고통처럼 마음속 깊이 느껴졌습니다. 처음 예언의 은사를 받고, 성령님께 훈련을 받던 때가 떠올랐기 때문입니다. 그때는 자주 혼란이 생기고, 의심이 들곤 했습니다. '혹시 내 안에서 들리는 음성이 성령님의 음성이 아니라면?' 하는 의심이 들면 나의 마음은 절망 그 자체였습니다. '아니면 말고.'가 아니라, '아니면 죽음'이었습니다.

세례요한의 이 물음은 목숨을 건 절박한 물음이었습니다. 그가 하나님의 인도를 받으며, 확실한 믿음을 가지고 증언했던 분이 바로 예수님이었습니다. 모든 것을 포기하고 평생 자기의 삶을 송두리째 바쳐 열정적으로 섬겼던 분, 유일한 가치였던 분입니다. 만약 그 분이 메시아가 아니라면? 생명을 걸고 믿어 왔던 길인데, 혹시 아니라면? 한 가닥 의심 때문에 그는 질문을 할 수밖에 없었습니다. 그 질문을 하면서, 그에게는 죽음과도 같은 고통과 혼란이 있었을 것입니다.

믿음 생활을 하다 보면 이렇게 의심이 들 때가 있습니다. 의심은 사탄이 주는 시험입니다. 사탄은 우리를 주님께로부터 멀어지게 해서 믿음을 약하게 합니다. 의심을 품은 채 믿음이 약해져서는 안 됩니다. 세례 요한처럼 단순하고 솔직하게 예수님께로 나아가야 합니다. 예수님과 직접 대면하여 문제를 해결해야 합니다. 그러면 예수님은 대답해 주십니다. 오직 예수님만이 해답입니다.

확고한 믿음의 소유자

세례 요한은 예수님이 누구신지 확실히 알았고, 믿음이 확고했던 사람이었습니다. 그는 예수님을 보고 말합니다.

"보시오. 세상 죄를 지고 가는 하나님의 어린 양입니다."
(요1:29)

어린 양은 사람의 죄 때문에 대신 피를 흘리고 죽어야 합니다. 죄는 우리 인간이 지었지만, 대신 제물이 되어 죽는 것은 어린 양입니다. 세례 요한은 예수님의 사명에 대해 정확하게 알고 있었다는 것을 뜻합니다.

"나도 이 분을 몰랐습니다. 그러나 나를 보내어 물로 세례를 주게 하신 분이 나에게 말씀 하시기를 "성령이 어떤 사람 위에 내려와서 머무는 것을 보거든 그가 바로 성령으로 세례를 주시는 분임을 알아라."고 하셨습니다. 그런데 나는 그것을 보았습니다. 그래서 나는 이분이 하나님의 아들이라고 증언하였습니다."(요1:33-34)

하나님께서 그에게 말씀해 주셨고 보여 주셨기 때문에, 예수님이 하나님의 아들인 것을 알게 된 것입니다. 그는 하나님의 보내심을 받았고, 하나님이 하라는 대로 하고 있습니다. 그가 예수님에 대해 증언하는 것이 사복음서에 여러 번 나오는데, 하나님께서 알려 주신 것만을 증언하고 있습니다.

세례 요한은 출생부터가 특이합니다. 누가복음 1장에 보면 천사 가브리엘이 예수님의 탄생을 예고하기 전에, 요한의 출생을 먼저 예고하고 있습니다. 예수님의 탄생 사건과 거의 비슷한 비중으로 기록되어 있습니다. 요한이라는 이름도 천사가 알려준 것입니다.

예수님의 어머니 마리아가 요한의 어머니 엘리사벳을 방문했을 때, 요한은 뱃속에서 성령 충만하여, 뱃속에 있는 예수님을 알아보고 기뻐서 뛰놀았습니다. 그만큼 요한은 예수님에 대해 많은 것을 알았고, 예수님을 기뻐했던 사람입니다.

눅1:15에 천사 가브리엘이 **"그는 주님 보시기에 큰 인물이 될 것이다."**고 예언했는데, 후에 예수님께서 **"여자가 낳은 사람 중에 요한 보다 더 큰 인물은 없다."**고 말씀하심으로 그 예언이 이루어지는 것을 봅니다.

요한복음 1장 35절 이하를 보면 세례 요한은 자기의 제자 안드레와 요한을 예수님께 보내어 제자가 되게 합니다. 그리고 안드레의 형 시몬 베드로, 한 고향 출신인 빌립과 나다나엘도 예수님의 제자가 됩니다. 갈릴리에 사는 그들이 그곳에 함께 와 있었던 것을 보면, 요한에게 세례를 받으러 왔거나, 가르침을 받으러 와 있었던 것으로 짐작됩니다. 당연히 그들 모두 세례 요한의 영향을 받은 사람들입니다. 세례요한은 그의 제자들을 예수님께로 보낸 것입니다.

그 후에 요 3:26에서 세례 요한의 제자들이 자기 스승에게 말합니다. **"선생님께서 증언하던 그 분도 세례를 주고 있는데, 사람들이 모두 그 분에게로 모여듭니다."** 그 말투에서 약간의 시기심이 느껴집니다. 세례 요한의 인기가 한 풀 꺾이고 예수님의 명성이 높아지기 시작하니, 그들로써는 당연한 반응일 것 같습니다. 그런데 요한의 대답이 놀랍습니다.

"하늘이 주시지 않으면 사람은 아무것도 받을 수 없다. 너희야말로 내가 말한바 '나는 그리스도가 아니고, 그 분보다 앞서서 보내심을 받은 사람이다.'한 말을 증언할 사람

이다. (요 3:27-28)

세례 요한은 자기의 제자들에게 예수님을 증언해야 한다고 말하고 있습니다. 자기의 모든 제자들을 예수님께 인계하는 모습입니다. 그의 확고한 믿음이 담겨 있는 말입니다.

의심이 생긴 이유는?

그렇게 주님 앞에 겸손하고, 확고한 믿음을 가졌던 요한이 감옥에 갇혀 있으며 순간 의심이 생겼던 것 같습니다. 그는 예수님께서 하시는 일들이 도무지 메시아답지 않다고 생각한 듯합니다. 요한의 제자들이 예수님께 와서 **"우리와 바리새파 사람은 자주 금식을 하는데 왜 선생님의 제자들은 금식을 하지 않습니까?(마 9"14)"** 하고 물었던 적이 있습니다. 그 때부터 의아한 마음을 가졌던 것 같습니다.

요한이 기대했던 메시아와, 예수님의 모습은 너무나 달랐던 것입니다. 요한이 생각한 메시아의 모습은 어떤 것일까요? 그가 예언했던 내용들을 통해, 그가 기대했던 메시아를 짐작해 볼 수 있습니다.

"도끼를 이미 나무뿌리에 갖다 놓았으니 좋은 열매를 맺지 않는 나무는 다 찍어서 불 속에 던지실 것이다. 나는 너희를 회개 시키려고 물로 세례를 준다. 내 뒤에 오시는 분은 나보다 더 능력이 있는 분이시다. 나는 그의 신을 들고 다닐 자격조차 없다. 그는 너희에게 성령과 불로 세례를 주실 것이다. 그는 손에 키를 들고 있으니 타작마당을 깨끗이 하여 알곡은 곳간에 모아들이고 쭉정이는 꺼지지 않는 불에 태우실 것이다." (마 3:10-12)

요한은 예수님이 큰 능력과 공의로 모든 악을 심판하실 것이라고 생각했습니다. 그가 한 말들을 보면, 다소 과격할 정도로, 잘못하는 사람들을 거침없이 꾸짖는 정의파였습니다. 의를 위하여서는 죽음도 두려워하지 않는 용기의 소유자였습니다. 권력자인 헤롯에게 동생의 아내를 차지하는 것은 잘못이라고 말하다가 억울하게 옥에 갇혔습니다. 요한은 능력의 예수님께서 모든 악을 심판하고, 자신의 억울함도 풀어줄 것이라고 기대했을 것 같습니다.

옥에 갇혀 있어도, 그의 관심은 항상 예수님께 집중되어 있었습니다. 그런데 제자들을 통해 들어 보니, 금식도 하지 않고, 죄인과 세리들과 어울려 먹고 마시고, 악한 자들의 병을 고쳐주고, 죄인들을 용서해 주는 일까지 있었습니다. 도대체 이 세상의 악을 심판하는 공의의 모습이 전혀 보이지 않았습니다. 그러니 아무리 믿음이 좋은 세례요한이라도 순간 의심이 들었을 것입니다.

의심이 생기고 믿음이 약해지는 것은 나의 생각이 고개를 들 때입니다. 나의 생각과 뜻이 개입되면, 하나님이 하시는 일이 잘못된 것처럼 느껴집니다. 요한도 하나님이 말씀해 주시고 보여 주신 것만을 믿고 따를 때에는, 확고한 믿음을 가질 수 있었습니다. 그러나 자신의 판단이 개입되자 의심이 생기고 믿음이 약해진 것입니다. 요한은 율법에 익숙한 예언자라서 공의와 심판의 메시아만을 생각했던 것 같습니다. 예수님이 사랑과 희생과 섬김의 메시아라는 사실은 미처 몰랐던 것 같습니다.

요한의 회복

요한의 목숨을 건 그 절박한 물음에, 예수님은 이사야서 35장 5-6절과 61장 1절의 말씀을 인용해 대답해 주십니다.

> "가서 너희가 듣고 본 것을 요한에게 알려라. 눈 먼 사람
> 이 보고, 다리 저는 사람이 걸으며, 나병 환자가 깨끗하게
> 되며, 듣지 못하는 사람이 들으며, 죽은 사람이 살아나며,
> 가난한 사람이 복음을 듣는다." (마11:4-5)

예수님은 모든 사람의 수준을 아시는 분이기에, 요한이 쉽게 깨달을 수 있는 방법으로 말씀하셨을 것입니다. 성경지식이 많고, 영적 통찰력이 뛰어난 요한은 예수님이 주신 말씀을 즉시 깨달았

을 것입니다. 모든 의심이 풀렸을 때, 그의 기쁨이 얼마나 컸을지 짐작이 갑니다. 당연히 예수님은 그를 다시 확고한 믿음의 소유자로 회복시켜 주셨을 것입니다. 감옥에 갇힌 것도 더 이상 문제가 되지 않았을 것입니다. 이미 요한은 예수님에 대해 "그는 흥하여야 하고, 나는 쇠하여야 한다."고 말했던 사람입니다. 그는 자기의 사명은 거기까지라는 것을 깨달았을 것입니다. 그는 사명을 완수한 기쁨으로 생을 마쳤으리라 생각됩니다.

그는 예수님 앞으로 문제를 가지고 나왔기 때문에 승리할 수 있었습니다. 예수님을 의지하면 항상 시험을 이길 힘을 주십니다. 의심과 혼란의 과정을 겪었지만, 예수님의 말씀으로 시험을 이겼습니다. 시험을 이기게 되면 믿음이 더 성숙해집니다. 주님의 뜻은 나의 생각과 다르다는 것을 확실히 깨닫게 됩니다. 주님을 향한 더욱 성숙한 사랑의 고백을 하게 됩니다.

예수님은 요한이 품었던 의심에 대해 별로 나무라지 않으십니다. 다만 **"나에게 걸려 넘어지지 않는 사람은 복이 있다."**라고만 하십니다. 인간의 나약함을 잘 아시는 주님이시니 크게 나무랄 일도 아닌 것 같습니다. 예수님은 우리의 실수를 나무라지 않으시고 그것을 극복하도록 격려하시는 분입니다. 이미 예수님은 요한의 승리를 보신 것입니다.

이 사건을 통해 인간의 한계에 대해 다시 한 번 깊이 생각해 보게 됩니다. 모든 인간은 예수님을 의지하지 않으면 넘어질 수밖에 없는 존재입니다.

'하늘나라에서는 아무리 작은 자라도 요한보다 더 크다.'의 의미는?

요한의 제자들이 떠나가자, 예수님은 그에 대해 놀라운 평가를 하십니다. 예수님께 이런 평가를 받은 사람은 요한이 유일합니다.

> "그렇다. 그는 예언자보다 더 훌륭한 사람이다. 이 사람을 두고 성경에 기록하기를 '보아라, 내가 내 심부름꾼을 너보다 앞서 보낸다. 그가 네 앞에서 네 길을 닦을 것이다.' 하였다." (마11:9-10)

> "모든 예언자와 율법서는 요한에 이르기까지, 하늘나라가 올 것을 예언하였다. 너희가 그 예언을 받아들이려고 하면 요한, 바로 그 사람이 오기로 되어 있는 엘리야이다." (마11:13-14)

그는 예수님께 인정을 받은 사람입니다. 예수님은 이 말씀을 통해, 말라기 3장 1절과, 4장 5절 말씀이 그에 대해 예언한 것이라고 확인해 주십니다. 그는 예수님의 길을 예비하기 위해 보내심을 받은 사람입니다. 예수님을 위해서 자기의 모든 것을 포기한 자입니다.

> "내가 진정으로 너희에게 말한다. 여자가 낳은 사람 가운

데서 세례자 요한보다 더 큰 인물은 없다. 그런데 하늘나
라에서는 아무리 작은이라도 요한보다 더 크다."(마11:11)

나는 이 말씀을 읽을 때마다, 이해가 안 되어서 기도를 참 많이
했습니다. 예수님께서 말씀한 '큰 인물'이란 무슨 뜻일까 생각해
보았습니다. 믿음의 크기나 인품의 훌륭함에 대한 것이 아니라는
것을 알 수 있었습니다. 주님께 크게 쓰임 받았다는 뜻도 아니라
는 생각이 들었습니다. 모세나 엘리야, 이사야, 예레미야....... 우
리는 믿음이 좋고, 인품이 훌륭하고, 크게 쓰임 받았던 수많은 예
언자들을 알고 있습니다.

특히 이해할 수 없었던 부분은 **"하늘나라에서는 아무리 작은이
라도 요한보다 더 크다."**라는 구절이었습니다. 그러던 어느 날 기
도 중에, 성령님께서 고린도 전서 13장 9-12절 말씀을 떠올려 주
셨습니다. 이 말씀을 깊이 묵상하고 나서야, 마태복음 11장 11절
말씀을 이해할 수 있었습니다. 예수님께서 말씀하신, 크다는 의미
가 무엇인지 깨달을 수 있었습니다. 요한을 가장 큰 인물이라고
하신 것은, 요한만큼 예수님에 대해서 많은 부분을 알았던 사람이
없었기 때문입니다. 모든 위대한 예언자들도 예수님에 대해서 아
주 작은 부분을 예언했을 뿐입니다. 요한은 살아계신 예수님을 직
접 만났고, 예수님에 대해서 가장 많은 부분을 구체적으로 예언한
사람입니다.

"우리는 부분적으로 알고, 부분적으로 예언합니다. 그러나 온전한 것이 올 때에는 부분적인 것은 사라집니다. 내가 어릴 때에는 말하는 것이 어린아이와 같고, 깨닫는 것이 어린아이와 같고, 생각하는 것이 어린아이와 같았습니다. 그러나 어른이 되어서는 어린아이의 일을 버렸습니다. 지금은 우리가 거울로 영상을 보듯이 희미하게 보지마는 그 때에는 얼굴과 얼굴을 마주하여 볼 것입니다. 지금은 내가 부분밖에 알지 못하지마는 그 때에는 하나님께서 나를 아신 것과 같이 내가 온전히 알게 될 것입니다." (고전 13:9-12)

아무리 능력 있는 예언자라 할지라도, 하나님께서 알려 주시고 보여 주시는 만큼만 알 수 있고, 예언할 수 있습니다. 세례 요한도 하나님께서 알게 하신 만큼만 부분적으로 알았고, 부분적으로 예언했습니다. 그러나 그때, 하늘나라에서는 하나님께서 나를 아신 것과 같이 온전히 알게 된다는 뜻입니다. 그래서 하늘나라에서는 아무리 작은 자라도, 그 당시의 요한보다는 크다고 말씀하신 것입니다.

요한은 예수님의 죽음과 부활, 승천을 보지 못했고, 완성된 복음도, 완성된 성경도 보지 못했습니다. 그 당시에 요한이 알았던 '부분'에 비하면 지금 우리는 훨씬 더 많은 '부분'을 알고 있는 셈입니다. 그러니 그 때, 얼굴과 얼굴을 마주 볼 그때, 부분이 아닌 전체를 알게 될 그때가 얼마나 좋을지 정말 기대가 됩니다.

400년의 차이에도 놀랍게 일치되는 성경구절

요한은 구약과 신약의 다리 역할을 한 예언자입니다. 세례요한의 예수님에 대한 증언을 시작으로 하나님 나라가 확장되고 있습니다. 세례 요한은 주님의 길을 예비한 자였고, 하나님 나라의 확장을 위해 예수님과 함께 일했던 동역자였습니다.

> "신랑의 친구는 신랑이 오는 소리를 들으려고 서 있다가,
> 신랑의 음성을 들으면 크게 기뻐한다. 나는 이런 기쁨으로 가득 차 있다. 그는 흥하여야 하고, 나는 쇠하여야 한다."(요3:29-30)

세례 요한은 예수님을 진정으로 기뻐한 사람입니다. 기쁨으로 가득 차 있다고 했습니다. 또한 그는 자신의 주제 파악을 정확히 했던 사람입니다. 자기가 주인공이 아니라 주인공을 빛나게 하는 조연에 지나지 않는다는 것을 알고 있었습니다. 예수님은 드러나고, 자신은 사라져야 한다고 고백하고 있습니다.

그 당시 세례 요한은 인기 절정에 있었던 지도자였습니다. 수많은 무리들이 그를 따르고, 세례를 받고, 그의 메시지를 들었습

니다. 많은 사람들이 그에게 메시아냐고 물을 정도로, 그는 주목을 받고 있었습니다. 그런 위치에 있는 사람이 나는 쇠하여야 한다고 말하기는 쉬운 것이 아닙니다. 능력이 있으면서도 자신을 낮추는 자가 진정 겸손한 자입니다. 그는 예수님만이 영광 받으실 분이고 자기는 도구에 지나지 않는다는 것을 알았습니다.

> "예언자 이사야가 말한 대로, 나는 '광야에서 외치는 이의
> 소리'요. '너희는 주님의 길을 곧게 하여라.' 하고 말이오."
> (요 1:23)

광야에서 외치는 이의 소리, 주님의 길을 곧게 하는 자. 그것이 세례 요한의 별명입니다. 그는 스스로 자기를 '광야에서 외치는 소리'라고 말합니다. 아무리 크게 외칠지라도 소리는 메시지만 남기고 사라져 버리는 것입니다. 그렇게 그는 예수님만을 높이고 떠났습니다.

그가 광야에서 외친 소리, 그 메시지는 무엇이었을까요? 마3:2절에 보면 그는 **"회개 하여라. 하늘나라가 가까이 왔다."**고 선포했습니다. 그래서 예수님은 세례 요한 때부터 하늘나라가 확장되고 있다고 하신 것입니다. 하늘나라는 예수님이 통치하는 나라입니다. 그가 준 회개의 세례는, 하나님과 자녀의 깨어진 관계를 회복하는 것이었습니다. 백성들이 예수님을 맞이할 준비를 하도록 하는 것이었습니다. 세례 요한이 이 일을 할 것이라는 것이 구약의

말라기에서 예언되었고, 그 후 누가 복음에서, 같은 내용을 가브리엘 천사가 요한의 아버지 사가랴에게 예언하고 있습니다. 400년의 차이가 있는데, 그 일치됨이 놀랍습니다.

> "주의 크고 두려운 날이 이르기 전에 내가 너희에게 엘리야 예언자를 보내겠다. 그가 아버지의 마음을 자녀에게로 돌이키고 자녀의 마음을 아버지에게로 돌이킬 것이다. 돌이키지 아니하면 내가 가서 이 땅에 저주를 내리겠다." (말4:5-6)

> "이스라엘 자손 가운데서 많은 사람을 그들의 주 하나님께로 돌아오게 할 것이다. 그는 또한 엘리아의 심령과 능력을 가지고 주님보다 앞서 와서 부모의 마음을 자녀에게로 돌아오게 하고 거역하는 자들을 의인의 지혜의 길로 돌아서게 해서 주님을 맞이할 준비가 된 백성을 마련할 것이다." (눅1:16-17)

세례 요한은 평생을 오직 예수님만을 위해 살았던 분입니다. 예수님에 대해서 정통했던 분입니다. 그런 분이 예수님에 대해 의심을 가졌었다는 사실이 처음에는 의아했습니다. 그러나 그 사실이 오히려 나에게 큰 위로를 주었습니다. 믿음생활을 하며 다가오는 수많은 의심과 혼란을 어떻게 해결해야 할지 알게 해 주셨다는 생각이 듭니다. 의심이 들고 혼란이 올 때마다, 요한처럼 단순하고 솔직하게, 예수님 앞으로 모든 질문을 가져가야 합니다. 오직 예수님만이 해답이며 구원입니다.

왜 가룟 유다를
제자로 삼으셨을까요?

가룟 유다만 배반자인가요?

미래의 일을 다 아시는 예수님께서 왜 가룟 유다를 제자로 삼으셨을까요? 나 역시 의아하게 생각했던 기억이 납니다.

하나님은 아브라함을 선택해, 그 자손으로 이스라엘 민족을 이루게 하셨습니다. 반역할 것을 이미 다 아시면서, 그들을 선택하셨습니다. 그 민족을 통해 많은 우여 곡절을 겪으면서도 하나님의 계획을 이루어 나가십니다. 그 안에 믿음의 사람들도 있었고, 악한 사람들도 있었습니다. 그러나 구약 성경 전체를 살펴보면 믿음 있는 사람들이 그리 많지 않습니다. 선한 사람들보다는 악한 사람들이 훨씬 더 많은 것을 보게 됩니다. 그것이 인간의 본성입니다. 로마서 3장 10절에 **"의인은 없다. 한 사람도 없다."**라고 말합니다. 모든 인간은 죄인입니다. 예수님은 죄인인 인간들을 제자로 선택하신 것입니다.

예수님이 선택한 제자들 중에 가룟 유다만 배반자인가요? 마태복음 26:56을 보면 **"제자들은 모두 예수를 버리고 달아났다."**고 쓰여 있습니다. 나중에 사도 요한만 다시 돌아와서, 예수님의 임종을 지키는 모습이 요한복음에 기록되어 있습니다.

베드로는 예수님이 걱정이 되어서, 예수님이 잡혀간 대제사장 집 마당까지 따라갑니다. 그러나 예수님이 빤히 바라다 보이는 그 집 마당에서, 세 번이나 예수님을 부인합니다.

물론 가룟 유다가 다른 제자들보다 더 적극적으로 예수님을 배반했습니다. 다른 제자들은 두려움 때문에 달아났으니, 어느 정도 정상참작이 될 만한 상황이지만, 유다는 계획적인 범죄를 저지른 것입니다. 배반한 것은 똑같지만, 판결을 한다면 유다의 형량이 훨씬 무겁다고 할 수 있을 것입니다.

그러나 유다도 예수님이 유죄 판결을 받은 것을 보고 깊이 뉘우칩니다.

> 그 때에 예수를 넘겨준 유다는, 그가 유죄 판결을 받으신 것을 보고 뉘우쳐, 그 은돈 서른 잎을 대 제사장들과 장로들에게 돌려주고 말하였다. "내가 죄 없는 피를 팔아넘김으로 죄를 지었소." 그러나 그들은 "그것이 우리와 무슨 상관이요? 그대의 문제요." 하고 말하였다. 유다는 그 은돈을 성전에 내던지고 물러가서, 스스로 목을 매달아 죽었다. (마 27:3-5)

유다의 죄가 크긴 하지만, 용서 받지 못할 죄를 지은 것은 아님니다. 회개하고 용서받을 기회를 놓치고, 스스로 목숨을 끊은 것이 문제입니다. 그가 자살하지 않고 부활하신 예수님께 용서를 구했다면, 그도 구원 받고 사도로 쓰임을 받았을 것이라는 생각이 들어 많이 안타깝습니다.

회개에도 때가 있습니다

유다를 보며, 회개에도 때가 있다는 생각을 하게 됩니다. 마지막 만찬인 유월절 음식을 나눌 때, 예수님은 유다에게 회개할 기회를 여러 번 주십니다. 예수님은 모든 사실을 이미 다 알고 있다는 암시를 주면서, 그를 돌이키려 노력하시는 모습을 볼 수 있습니다. 그러나 마음이 변하지 않자, 사탄이 그에게 들어갑니다. 그만큼 그의 악한 마음이 확고하게 굳어졌다는 것을 뜻합니다. 악한 마음이 오랫동안 지속되면 사탄의 다스림을 받게 되는 것입니다. 그가 완전히 사탄에게 사로잡힌 것을 아신 예수님은 더 이상 말리지 않으십니다. 그런 예수님의 마음이 얼마나 아프셨을까요? 그가 배반한 것보다, 끝까지 회개하지 않은 것이 더 마음 아프셨을 것입니다.

예수님은 자신을 배반한 유다를 끝까지 사랑하십니다. 3년 동안 같이 살며, 극진히 사랑해 왔던 제자입니다. 예수님을 잡으려고 무리들과 함께 나타난 그 배반자를 친구라고 불러 주십니다.

예수님이 여전히 그를 사랑한다는 것을 나타내는 단어입니다.

"친구여, 무엇 하러 여기에 왔느냐?" (마 26:50)

그저 사랑과 안타까움이 배어 있는 그 말 한 마디뿐입니다. 화를 내지도, 나무라지도 않으십니다. 이 한 마디 말 속에 얼마나 많은 예수님의 마음이 담겨 있었을까요? 그를 안타깝게 바라보며 던지셨던 그 한마디 말이 유다의 마음을 움직였겠지요. 유다도 자기의 잘못을 깨닫고 진심으로 뉘우칩니다. 스스로 목숨을 끊어 버릴 정도로 잘못을 후회한 것입니다.

후회와 회개의 차이

베드로가 예수님을 배반하는 장면 역시 유명하게도 4 복음서에다 기록되어 있습니다. 베드로가 예수님을 세 번째로 부인하는 말을 마치기도 전에 닭이 웁니다. 그 순간 예수님께서 돌아서서 베드로를 똑바로 보십니다. 베드로의 말이 거기까지 들렸을 리는 없을 텐데, 그 순간을 아시고, 의도적으로 돌아서서 베드로를 쳐다보신 것입니다.

주님께서 돌아서서 베드로를 똑바로 보셨다. (눅 22:61)

예수님의 그 눈초리는 어떤 것이었을까요? 가룟 유다를 볼 때처럼 안타까움이 배어 있는 사랑의 눈초리였을 것입니다. 베드로는 자기가 한 일을 예수님이 모를 거라고 생각했을 것입니다. 지금도 많은 사람들이 예수님이 항상 보고 계시다는 것을 느끼지 못하듯이 말입니다. 그러나 예수님은 베드로가 어떤 행동을 했는지 다 알고 계셨습니다. 그래서 베드로가 예수님을 세 번 부인한 바로 그 타이밍에, 그를 똑바로 쳐다보신 것입니다. 예수님과 눈이 딱 마주 친 베드로는 그제야 예수님의 말씀이 생각납니다.

> 베드로는 주님께서 자기에게 "오늘 닭이 울기 전에 네가 나를 세 번 모른다고 할 것이다." 하신 그 말씀이 생각났다. 그리하여 그는 바깥으로 나가서 비통하게 울었다. (눅 22:61-62)

얼마나 후회가 되었을까요? 그는 생각했을 것입니다. 정말 예수님은 모든 것을 다 아시는구나. 나 자신보다 내 마음을 더 잘 아시는구나.

그러면 베드로의 뉘우침과 가룟 유다의 뉘우침은 무엇이 다르기에, 베드로는 위대하게 쓰임 받은 주님의 사도가 되었고, 유다는 악명 높은 배반자가 되었을까요?

베드로는 뉘우치며 주님께서 하셨던 말씀을 떠올렸습니다. 예수님의 말씀을 생각나게 하는 분은 성령님이십니다. (요14:26) 그는 성령님의 인도를 받았기 때문에, 진정한 회개를 할 수 있었던 것입니다. 회개한 그의 마음에 예수님을 사랑하는 마음이 채워졌습니다.

그 후 부활하신 예수님은 베드로를 특별히 따로 만나, 그의 죄책감을 회복시키시고 사명을 주십니다. (요한복음 21장)

반면, 유다는 죄책감으로 목을 매달아 자살합니다. 그도 진정으로 자기의 잘못을 깨달았지만 그의 깨달음은 후회에 머물고 맙니다. 자기는 용서 받지 못할 죄를 지었다고 생각했습니다. 죄책감에서 벗어나지를 못합니다. 사탄의 속임수에 넘어간 것입니다. 사탄은 항상 그렇게 속입니다.

"너는 용서 받을 수 없어. 네가 얼마나 엄청난 죄를 지었는지 아니?"

모든 해결의 열쇠는 능력 있는 예수님께 있는 것인데, 그는 무능한 자기 자신만을 바라본 것입니다. 주님을 바라보면 용서와 회복이 일어나지만, 자기를 바라보면 절망뿐입니다. 결국 그는 회개할 기회를 놓치고 맙니다. 너무나 안타깝습니다. 우리는 사탄의 속임수에 속으면 안 됩니다. 진정으로 회개하면 예수님이 꼭 용서해 주신다는 사실을 확실히 믿어야 합니다.

회개할 수 있는 특권

어떤 사람들은, 가룟 유다가 예수님의 십자가 구속 사역에 쓰임을 받았다는, 엉뚱한 말을 하기도 합니다. 그러나 성경을 자세히 읽어 보면, 그가 한 일은 아무것도 없다는 것을 알게 됩니다. 그는 예수님을 잡으러 온 무리들에게 누가 예수님인지 알려 주는 표시로 입을 맞추었습니다. 그러나 그가 알려 주지 않았더라도 그 당시에 예수님을 모르는 사람은 없었습니다. 예수님은 숨어서 사역하신 분이 아니었습니다. 날마다 성전에서 가르치고 계셨습니다. 예수님은 인기 절정에 있었던 스타 중의 스타였습니다.

예수님이 가시는 곳마다 군중이 무리를 이루며 따라다녔습니다. 유대 지도자들도 항상 예수님을 지켜봤고, 여러 번 시험하기도 했습니다. 어차피 죄 없으신 예수님을 거짓 증거로 고발해야 하는데, 아무 때라도 체포할 수 있었습니다. 이미 그들은 예수님을 죽일 음모를 꾸미고 있었고, 적당한 기회를 노리고 있었습니다. 가룟 유다와는 전혀 상관없이 그들의 계획은 착착 진행되고 있었습니다.

그럼 가룟 유다가 한 역할은 무엇일까요? 유대 지도자들의 마음을 흡족하게 한 것, 그것뿐입니다. 예수님께서 그토록 사랑하던 제자 한 사람을 자기편으로 만들었으니 그들의 만족감이 얼마나 컸겠습니까? 자기들의 행동을 정당화 하는 데 얼마나 도움이 되었겠습니까? 그것도 겨우 은 삼십에 말입니다. 유다가 그들을 찾아왔을 때 그들이 얼마나 좋아했을지 짐작이 갑니다. 아마 더 많은 돈을 요구했다 해도 기꺼이 주었을 것 같습니다.

하나님은 역사의 흐름 속에서, 악인이든, 의인이든, 사람들을 사용하셔서, 결국에는 하나님의 뜻을 이루십니다. 빌라도나 로마 병정이 예수님의 구속사역에 쓰임 받았다고 말하지는 않습니다.

제자들이 다 예수님을 배반했지만, 가룟 유다만 빼고는 모두 회개할 기회를 가졌습니다. 모든 제자들은 예수님의 죽음과 부활, 승천을 보게 되었고, 약속하신 성령을 받게 됩니다. 그들은 능력을 받고, 성령 충만한 가운데 주님께 크게 쓰임을 받습니다. 회개할 기회를 가지는 것이 그토록 중요합니다.

우리는 모두 죄인입니다. 예수님께서 십자가에서 죽으시고 부활하심으로, 죄를 용서 받고 구원을 받았습니다. 그리고 예수님은 구원받은 하나님의 자녀에게 회개할 수 있는 특권을 주셨습니다. 나약해서 또 죄를 지을 수밖에 없는 우리에게 회개할 수 있다는 것은 정말 큰 은혜며 축복입니다. 예수님께서 회개할 수 있는 제도를 마련해 주시지 않았다면, 우리는 죄에서 벗어날 수 없는 존재입니다.

예수님은 나약한 우리의 모습 그대로를 사랑하십니다. 우리가 죄 짓지 않는 완벽한 모습을 기대하지 않으십니다. 그러나 회개하라고 하십니다. 죄를 짓게 되더라도 회개하면 용서하십니다. 예수님은 죄를 짓는 것을 슬퍼하시지만, 회개하지 않는 것을 더 슬퍼하실 거라는 생각이 듭니다.

제자들은 어떻게 즉시 예수님을 따랐을까요?

마태복음, 마가복음에 보면, 예수께서 바닷가를 지나가시다가 베드로와 안드레에게 "나를 따라 오너라. 나는 너희를 사람을 낚는 어부로 삼겠다."고 부르시니 곧 그물을 버리고 따랐고, 조금 더 가시다가 야고보와 요한을 부르시니 그들도 배와 아버지를 놔두고 따랐다고 쓰어 있습니다. 나는 그 내용을 읽으며, 그들은 예수님에 대해 잘 알지도 못하는데 어떻게 즉시 순종할 수 있었을까 의아했습니다.

그러다가 요한복음 1장 35절 이하를 읽으며, 그 의문이 풀렸습니다. 그들은 이미 예수님에 대해 잘 알고 있었던 것입니다. 요한복음 1:35-37에 세례요한이 자기 제자 두 사람과 함께 서 있다가, 예수님이 지나가시는 것을 보고 **"보아라 하나님의 어린 양이다."**라고 말합니다. 그 말을 들은 두 제자 요한과 안드레는 예수님을 따라갑니다. 그들은 진리를 추구하는 학구적인 청년들이었던 것 같습니다. 고향인 갈릴리에서부터 그 멀리까지 세례요한의 가르침을 받기 위해 와 있었다면, 대단한 믿음과 열정을 가진 사람들이라는 생각이 듭니다. 그들은 그저 단순하고 무식한 뱃사람들이 아니었습니다. 영적 갈급함이 있었고, 진리의 말씀을 받아들일 준비가 되어 있는 청년들이었습니다.

요한의 말을 듣고 따라오는 그들에게 예수님은 **"와서 보라."**고 하시며, 자신의 숙소로 그들을 초대하십니다. 나는 예수님께서 그들에게 무엇을 보여주기 원하셨을까 생각해 보았습니다. 예수님의 초대에 응하면 그분이 누구신지를 알게 된다는 생각이 듭니다. 그러나 우리가 예수님 전체를 안다는 것은 불가능합니다. 우리의 수준과 한계 안에 있는 예수님의 부분을 만날 뿐입니다. 요한과 안드레 역시 그들의 수준 안에서 예수님을 만났다는 생각이 듭니다. 그들은 예수님이 메시아라는 사실은 알았지만, 그 메시아가 어떤 일을 하시는 분인지는 알지 못했습니다. 안드레는 자기 형시몬 베드로를 만나자마자 말합니다.

"우리가 메시아를 만났소."

메시아를 만났다는 것은 그들 모두에게 가장 중요하고 가치 있는 일이었을 것입니다. 그들이 먼 갈릴리에서 세례요한을 만나러 온 것은, 혹시 그가 메시아가 아닐까 하는 마음에서였을 것입니다. 세례요한은 자신이 메시아가 아니고, 그들이 간절히 기다리던 메시아는 예수님이라고 말해 주었습니다. 그리고 직접 예수님께 와서 보니, 그 분이 메시아라는 것을 확신하게 된 것입니다. 그들의 가슴이 얼마나 뛰었을지, 그 기쁨이 얼마나 컸을지 상상해 봅니다.

그 다음 날에 빌립, 나다나엘도 예수님을 만납니다. 같은 고향

출신인 그들도 예수님이 메시아라는 것을 확신합니다. 다섯 명의 제자들은 예수님과 함께 갈릴리까지 여행했고, 가나의 혼인잔치에도 참석합니다. 그들은 물을 포도주로 바꾸신 예수님의 첫 번째 기적을 보고 더욱 확실한 믿음을 가지게 됩니다.

> 예수께서 이 첫 번 표징을 갈릴리에서 행하여 자기의 영광을 드러내시니, 그의 제자들이 그를 믿게 되었다. (요한복음 2:11)

그 후 예수님은 어머니와 형제들과 제자들과 함께 가버나움으로 내려갑니다. (요 2:12) 그렇게 여러 날 동안 제자들은 예수님과 함께 숙식하며 여행을 했습니다. 예수님은 그들과 함께 하는 동안 끊임없이 말씀을 가르치셨을 것입니다. 당연히 예수님과 제자들은 상당히 친밀해졌을 것입니다. 그때까지 제자들은 자신들의 생업인 고기잡이도 병행하고 있었던 것 같습니다.

그 후 갈릴리 호숫가에서 예수님은 베드로의 배를 빌려서, 거기에 앉아서 무리에게 말씀을 가르치십니다. 말씀을 마치고 시몬 베드로에게 말씀하십니다.

"깊은 데로 나가 그물을 내려서 고기를 잡아라."

베드로는 대답합니다.

"선생님 우리가 밤새도록 애를 썼으나, 아무것도 잡지 못했습니다. 그러나 선생님의 말씀을 따라 그물을 내리겠습니다."

고기 잡는 일에는 예수님보다 훨씬 전문가인 베드로가 그의 말씀에 따라 순종하겠다는 것은 예수님을 절대적으로 신뢰한다는 의미입니다. 그가 예수님이 말씀하신 대로 하니, 그물이 찢어질 정도로 많은 고기 떼가 잡혔습니다. 그전에도 예수님은 귀신을 쫓아내시고, 병든 사람들을 고치시는 등 많은 기적들을 행하셨습니다. 시몬 베드로 역시 기적이 일어나는 현장에 함께 있었습니다. 그러나 그토록 많은 기적을 체험했어도, 깨닫는 시점은 따로 있는 모양입니다. 그것이 하나님의 때라는 생각이 듭니다. 그는 예수님 앞에 엎드려서 말합니다.

"주님 나에게서 떠나 주십시오. 나는 죄인입니다."

절대적인 존재, 거룩한 존재 앞에서 그는 두려워하며, 자신이 죄인임을 깨닫게 됩니다. 거룩한 존재 앞에 설 수 없는 죄인이라고 자각하게 된 것입니다. 그러나 예수님은 그에게 말씀하십니다.

"두려워하지 말아라. 이제부터 너는 사람을 낚을 것이다."

그렇게 제자들은 예수님이 메시아이며 절대적인 존재라는 것을 깨닫게 되고, 자신들의 인생을 송두리째 맡겨도 되겠다는 확신을 가지게 됩니다. 예수님의 가치를 알게 된 그들은 드디어 모든 것을 버리고 예수님을 따라갈 수 있었습니다.

일곱 제자들은
세상으로 돌아갔나요?

부활 후 세 번째 나타나신 예수님

요한복음 21장에 예수님이 바닷가에서 일곱 명의 제자들에게 나타나신 사건은 영화의 한 장면처럼 생생하게 머릿속에 그려집니다. 먼저 베드로가 고기를 잡으러 가겠다고 말하니 줄줄이 다른 제자들도 따라 나섭니다. 그러나 그날 밤 고기를 한 마리도 잡지 못합니다.

어스름하게 동틀 무렵, 한 남자가 바닷가로 들어섭니다. 그들은 그가 예수님인 줄 알지 못합니다. 예수님의 물음으로 대화가 시작됩니다.

"무얼 좀 잡았느냐?"

"못 잡았습니다."

"그물을 배 오른쪽에 던져라. 그리하면 잡을 것이다."

제자들이 말씀대로 그물을 던지니, 고기가 너무 많아서 그물을 끌어올릴 수가 없었습니다. 예수님께서 네 제자들을 부르실 때와 똑같은 상황이 벌어진 것입니다. 그것을 눈치 챘는지, 요한이 베드로에게 말합니다.

"저 분은 주님이시다."

주님이신 걸 알아챈 건 요한인데, 행동은 베드로가 먼저 합니다. 반가운 마음에 그는 겉옷을 두르고 바다로 뛰어내립니다. 그날은 부활하신 예수님이 세 번째로 제자들에게 나타나신 날이라고 기록되어 있습니다.(요21:14) 첫 번째는 부활하신 날 저녁, 도마를 뺀 제자들이 함께 모여 있을 때였고, 두 번째는 8일 후에 도마도 함께 있을 때 나타나셨습니다.

첫 번째 날 제자들은 부활하신 예수님을 보았고, 믿었고, 성령을 받았습니다. 누구든지 예수님을 믿고 영접하면 성령이 내주하게 됩니다. 도마는 그 자리에 없어서 못 믿겠다고 했지만, 8일 후 부활하신 예수님을 보자 즉시 '나의 주님, 나의 하나님'이라고 고백합니다.

일곱 제자들이 고기를 잡으러간 일을 보고, 그들이 세상으로 돌아갔다고 말하는 분들이 많이 있습니다. 그러나 부활하신 예수님을 직접 만났고, 직접 성령을 받았고, 예수님을 나의 주님, 나의 하나님이라고 고백한 제자들이 세상으로 돌아갈 수 있었을까 의아했습니다. 나는 예수님이 부활하신 후의 내용들을 사 복음서를 대조해가며 세밀하게 읽어 보았습니다.

요한복음 21장을 읽으며, 제자들이 왜 갈릴리에 와 있는지 의아했습니다. 예루살렘에서 예수님은 여러 사람들에게 나타나셨고, 제자들에게도 두 번이나 나타나셨습니다. 그들의 감정 상태는 예수님이 언제 다시 나타나실까 간절히 기다리는 마음이었을 것입니다. 계속 예루살렘에서 나타나셨으니, 그곳을 떠나지 않는 것이 자연스러운 일입니다.

그렇다면 왜 머나먼 갈릴리까지 와 있는 것일까요? 예수님을 나의 주님 나의 하나님으로 고백한 제자들이 다시 세상으로, 원래의 생업으로 돌아간 것일까요? 나는 마태복음 28장 16절을 읽으며 제자들이 세상으로 돌아간 것이 아니라는 것을 확실히 알 수 있었습니다.

예수님이 일러 주신 산

> 열한 제자가 갈릴리로 가서 예수께서 일러주신 산에 이르렀다. 그들은 예수를 뵙고, 절을 하였다. 그러나 의심하는 사람들도 있었다. (마28:16-17)

제자들이 갈릴리로 가서 예수님이 일러주신 산에서 만나는 장면입니다. 그 장소에서 만나기로 이미 약속이 되어 있었다는 뜻입니다. 만약 약속을 하지 않았다면, 제자들은 예루살렘에 머물면서, 다시 예수님이 나타나시기를 이제나 저제나 간절히 기다리고 있었을 것입니다. 그들이 예루살렘을 떠나 갈릴리까지 온 것은 만나기로 약속이 되어 있었기 때문이라는 생각이 듭니다. 예수님은 부활하신 직후 여자들에게 나타나서서, "무서워하지 말아라. 가서 나의 형제들에게 갈릴리로 가라고 전하여라, 그러면, 거기에서 그들이 나를 만날 것이다."라고 말씀하셨습니다. 그러나 그건 직접 제자들에게 말씀하신 것이 아니니, 나중에 다시 구체적으로 장소와 날짜를 말씀하셨을 것 같습니다.

제자들은 예수님과 약속한 그 날을 기다리는 동안, 시간이 남으니까 함께 고기를 잡으러 갔던 것 같습니다. 밤새 고기를 잡지 못하고 헛수고로 새벽을 맞았는데, 갑자기 예고도 없이 예수님이 세 번째로 불쑥 나타나신 것입니다. 그리고 네 제자를 부르실 때와 비슷한 상황을 연출하셔서 고기를 많이 잡게 하십니다. 밤새 지치고 배고프고 축축하게 젖었을 제자들에게 따뜻한 불을 쬐게 하시고, 빵과 물고기로 아침밥을 차려 주십니다. 젖은 몸이 따뜻하게 마르고, 배고픔이 채워지고, 옆에 그렇게 기다리던 예수님이 계시니 그들은 세상을 가진 것처럼 행복했을 것 같습니다. 예수님은 베드로를 따로 불러내어 사랑하느냐는 세 번의 물음으로, 그의 죄책감을 치유해 주시고, 양을 치라는 사명을 주십니다. 그 날 제자들의 리더 격인 베드로에게 먼저 지침을 주신 것입니다. 다른 제자들도 앞으로 방향을 알려줄 지침을 받기 위해, 예수님을 기다렸으리라는 생각이 듭니다.

그 후 드디어 그 약속했던 장소인, 일러주신 산에서 만나게 됩니다. 열한 제자는 이미 다 믿었는데, 의심하는 사람들도 있었다는 것을 보면, 그들 외에도 많은 사람들이 함께 있었던 것을 알 수 있습니다. 많은 사람들이 있었지만, 대표로 열한 제자만 기록하고 있습니다. 미리 시간과 장소를 알고 있었으니, 예수님을 만나고 싶었던 모든 사람들이 몰려왔을 것입니다. 적극적인 제자들이 기뻐서 두루두루 광고를 하며 다녔을 것 같습니다. 고린도 전서 15장 6절에, 부활하신 예수님이 한번에 500명이 넘는 형제자매에게 나타나셨다고 기록되어 있는데, 이 때가 아닐까 짐작하게 됩니다.

드디어 그 약속했던 장소에서, 이번에는 모든 제자들에게 지침을 주십니다. 예수님의 지상 명령이라고도 하는 그 유명한 말씀입니다.

"그러므로 너희는 가서, 모든 민족을 제자로 삼아서, 아버지와 아들과 성령의 이름으로 세례를 주고, 내가 너희에게 명령한 모든 것을 그들에게 가르쳐 지키게 하여라. 보아라, 내가 세상 끝 날까지 항상 너희와 함께 있을 것이다." (마28:19-20)

4

성경 내용에 대한
질문들

가인은
누구와 결혼했나요?

에덴동산에서 쫓겨난 이후에 아담과 하와는 가인과 아벨을 낳았습니다. 아벨은 양치는 목자가 되었고 가인은 농부가 되었습니다. 세월이 흐른 뒤에 그들은 하나님께 제물을 드렸는데, 아벨과 아벨의 제물은 받으셨으나, 가인과 가인의 제물은 받지 않으셨습니다. 가인은 너무 분하여 얼굴빛이 변합니다. 하나님은 가인에게 말씀하십니다.

"네가 올바른 일을 하였다면, 어찌하여 얼굴빛이 달라지느냐? 네가 올바르지 못한 일을 하였으니, 죄가 너의 문에 도사리고 앉아서, 너를 지배하려고 한다. 너는 그 죄를 잘 다스려야 한다."

가인은 제물을 바치기 전에도, 올바른 일을 행하지 않았다는 것을 알 수 있습니다. 하나님은 그의 됨됨이가 어떤지 이미 알고 계셨습니다. 그에게 죄의 지배를 받지 말고, 죄를 잘 다스리라고 경고하십니다. 분노와 시기심으로 동생을 죽일 정도라면, 그가 얼마나 악한 사람이었는지 짐작할 수 있습니다. 하나님은 악한 사람의 제물을 받지 않으십니다. 하나님께서 아무런 이유도 없이 가인의 제물을 받지 않았던 것이 아닙니다.

가인이 아벨을 죽인 후, 하나님은 가인에게 묻습니다.

"너의 아우 아벨이 어디 있느냐?"

모든 것을 다 아시는 하나님께서 몰라서 물어보셨을까요? 죄를 지은 아담에게 "네가 어디 있느냐?"고 물었던 것과 비슷합니다. 하나님은 가인에게 회개할 기회를 주신 것입니다. 하나님은 죄를 짓기 전에 여러 번 경고하시고, 죄를 지은 후에도 회개할 기회를 주시는 분입니다. 그러나 그는 끝까지 회개하지 않고, 결국 벌을 받게 됩니다. 전혀 반성하는 기색도 없이 자기에게 주신 형벌이 너무 무겁다고, 계속해서 항변하듯 하나님께 말합니다. 자기 핏줄을 죽인 살인자의 말치고는 너무나도 뻔뻔하다는 생각이 듭니다.

> "이 형벌은 제가 짊어지기에는 너무 무겁습니다. 오늘 이 땅에서 저를 쫓아내시니, 하나님을 뵙지도 못하고, 이 땅 위에서 쉬지도 못하고, 떠돌아다니게 될 것입니다. 그렇게 되면 저를 만나는 사람마다 저를 죽이려고 할 것입니다." (창세기 4:14)

스토리를 계속 읽어 내려가다가, '저를 만나는 사람마다' 라는 구절에서 멈칫했던 기억이 납니다. 아담, 하와, 가인 외에 또 다른 사람들이 있다는 것인데, 도무지 이해할 수가 없었습니다. 얼마 후에 다시 같은 내용을 반복해서 세밀히 읽어 보았습니다. 그 때 3절에 있는 구절이 눈에 들어왔습니다.

"세월이 지난 뒤에, 가인은 땅에서 거둔 곡식을 주님께 제
물로 바치고," (창4:3)

'세월이 지난 뒤에'라는 구절에 해답이 있다는 생각이 들었습니
다. 성경에는 항상 과감한 생략이 있고, 인물을 선택적으로 기록
합니다. 대부분 처음 난 아들을 기록하고, 딸이나 그 다음에 낳은
아들들은 기록하지 않는 경우가 많습니다. 아담과 하와는 가인과
아벨을 낳은 후, 세월이 지나는 동안, 많은 아들들과 딸들을 낳았
을 가능성이 있습니다. 그들은 삶의 터전을 찾아 이곳저곳으로 흩
어졌을 것이고, 자손들을 낳고 살았을 것입니다. 땅이 텅 비어 있
으니, 원하는 땅을 마음껏 차지하기 위해 멀리까지 흩어졌을 것입
니다.

가인이 아벨을 죽일 때에, 그들에게는 이미 많은 여동생과 남동
생, 조카들이 있었으리라 생각됩니다. 가인과 아벨 역시 이미 결
혼해서 자녀들이 있었을 가능성도 있습니다. 가인이 언제 결혼했
는지는 성경 어디에도 나와 있지 않지만, 그의 가족 이야기가 4장
17절에 나옵니다. 아내가 임신하여 에녹을 낳았고, 그 때 도시를
세우고, 그 도시 이름을 에녹이라고 하였다는 내용이 있습니다.
도시를 세웠다는 것은 성을 쌓았다는 뜻입니다. 그 당시 인구가
그리 많지는 않았을 텐데, 자신의 터전을 구별하고 지키기 위해서
성을 쌓았으리라 생각됩니다.

4장에 가인의 자손들이 번성해 나가며, 목축, 음악, 기술의 조상

들이 되었다고 기록되어 있습니다. 경제와 문화가 발전하지만, 악의 강도는 가인 때보다도 훨씬 심해진 것을 볼 수 있습니다. 가인의 자손인 라멕은 "가인을 해친 벌이 일곱 갑절이라면, 라멕을 해치는 벌은 일흔일곱 갑절이다." 라고 말합니다. 그는 자신에게 상처를 입히거나 상하게 한 사람을 망설임 없이 죽여 버릴 정도로 악합니다. 하나님의 구속을 이어갈 '셋'의 자손에 앞서서, 악의 자손들이 번성하는 모습을 보게 됩니다. 그렇게 답답한 내용이 계속되다가 4장 마지막 절에 청량제와 같은 기사가 기록되어 있습니다.

> 셋도 아들을 낳고, 아이의 이름을 에노스라고 하였다. 그 때에 비로소, 사람들이 주님의 이름을 불러 예배하기 시작하였다. (창세기 4:26)

아무리 경제와 문화가 발전하고 번성한다 해도, 가인의 자손들은 하나님의 역사에서 제외됩니다. 소수라 할지라도 하나님을 믿는 사람들만이 하나님의 역사를 이루어 가게 됩니다.

가인의 이야기를 읽다보면 또 하나의 궁금한 내용이 나옵니다. 가인은 만나는 사람마다 자기를 죽일 거라고 하나님께 호소합니다. 그러자 하나님은 대답하십니다.
"그렇지 않다. 가인을 죽이는 자는 일곱 배로 벌을 받을 것이다."
그리고 하나님은 가인에게 표를 찍어 주셔서, 아무도 그를 죽이지 못하게 하셨습니다. 나는 가인에게 주신 표가 무엇일까 깊이 생각해 보았습니다. 그 때 예수님의 십자가가 떠올랐습니다. 아무런 자격이 없고 죽을 수밖에 없는 죄인을 용서하고 살리는 십자가의 은혜가 생각났습니다.

가인이 아벨을 죽였을 당시, 율법이 만들어지기 전이었지만, 하나님의 공의에 의해서라면 가인은 죽음으로 형벌을 받아야 했을 것입니다. 죽어야 마땅한 가인에게 하나님이 주신 표는 말도 안 되는 과분한 용서며 은혜입니다. 그것은 십자가를 상징하는 용서와 사랑의 표라는 생각이 듭니다. 하나님은 죽을 수밖에 없는 최초의 살인자인 가인을 용서하시며, 예수님의 십자가를 통한 인류의 구원을 암시하셨다는 생각이 듭니다.

데라는 아브람을
일흔 살에 낳았나요?

데라는 일흔 살에 아브람과 나홀과 하란을 낳았다. (창세기 11:26)

데라는 이백오 년을 살다가 하란에서 죽었다. (창세기 11:32)

아브람은 주님께서 말씀하신 대로 길을 떠났다. 롯도 그와 함께 길을 떠났다. 아브람이 하란을 떠날 때에, 나이는 일흔 다섯이었다. (창세기 12:4)

"그래서 그는 갈대아 사람들의 땅을 떠나 하란으로 가서, 거기서 살았습니다. 그의 아버지가 죽은 뒤에, 하나님께서 그를 하란에서 지금 여러분이 사는 이 땅으로 옮기셨습니다." (사도행전 7:4)

나는 나이가 나오는 부분에서 숫자를 계산해 보는 습관이 있는

데, 이 성경구절들을 읽다가 머리가 많이 복잡해졌습니다. 아브라함의 나이가 도무지 계산이 되지 않았기 때문입니다. 데라가 70에 아브라함을 낳았다면, 데라가 죽은 205세에 아브라함의 나이는 135세가 되어야 합니다. 그런데 데라가 죽은 후에 아브라함이 하란을 떠났는데, 그 때 나이가 75세라고 기록되어 있습니다. 60세나 차이가 납니다. 그렇다면 내가 찾아내지 못한 무언가가 있을지도 모른다는 생각이 들었습니다. 나는 여러 번 반복해서 그 내용들을 읽어 보았습니다.

60세 나이 차이에 대한 비밀은 11장 26-29절을 읽으며 밝혀졌습니다. **'데라는 일흔 살에 아브람과 나홀과 하란을 낳았다.'**고 기록되어 있는데, 세 쌍둥이가 아니라면, 세 사람을 한꺼번에 낳을 수는 없습니다. 28절을 보면 장자인 하란은 바빌로니아 우르에서 세상을 떠났습니다. 하란의 딸 밀가가 나홀의 아내가 되었으니, 하란은 나이 차이가 많은 형이었다는 것을 알 수 있습니다. 아브라함이 가장 중요한 인물이기에 먼저 기록되었을 것이고, 장자이긴 해도 하란은 죽었기 때문에 마지막에 기록된 것 같습니다. 성경에는 보통 첫 아들을 낳은 나이를 기록하고 있습니다. 데라가 70세에 낳은 사람은 맏형 하란이고, 아브람은 데라가 130세에 낳았습니다. 그러면 모든 기록들이 맞아 들어갑니다. 과감한 생략으로 인해 오해를 하게 된 것입니다.

성경에는 중요한 인물을 먼저 기록하는 경우가 많고, 중요한 인물들을 대표로, 또는 선택해서 기록하는 경우가 많이 있습니다.

데라는 아들 아브람과, 하란에서 난 손자 롯과, 아들 아
브람의 아내인 며느리 사래를 데리고, 가나안 땅으로 오
려고 바빌로니아의 우르를 떠나서, 하란에 이르렀다. 그
는 거기에다가 자리를 잡고 살았다. (창세기 11:31)

이 구절만 보면 데라가 아브람 부부와 롯만 데리고 고향을 떠나
하란까지 온 것으로 기록되어 있습니다. 그러나 후에 이삭이 아내
리브가를 데려오고, 야곱이 아내들을 만난 곳이 하란입니다. 데라
와 아브람 부부, 롯이 고향을 떠나올 때, 나홀 가족도 함께 떠났을
텐데, 생략되어 있습니다. 그런 식으로 중요한 인물들을 대표로
기록하는 것이 관행이었다고 합니다. 그것만 알아도, 성경에서 모
순이라고 알려져 있는 많은 내용들이 풀어질 수 있습니다.

왜 하나님은 가나안 땅을
탐지하게 하셨나요?

주님께서 모세에게 말씀하셨다. "너는 사람들을 보내어,
내가 이스라엘 자손에게 준 가나안 땅을 탐지하게 하여
라. 각 조상의 지파 가운데서 지도자를 한 사람씩 보내어
라." (민수기 13:2)

왜 하나님은 가나안 땅을 탐지하라고 하셨을까요? 이미 주겠다
고 약속하신 땅이고, 하나님께서 정복하게 하실 땅입니다. 어차피
이스라엘의 능력으로는 그 땅을 정복할 수 없고, 하나님이 해 주
셔야만 들어갈 수 있는 땅이었습니다. 하나님이 약속하셨다면, 정
탐할 필요가 전혀 없었습니다.

모세는 열두 정탐꾼을 가나안 땅으로 보냅니다. 그들은 40일
동안 그 땅을 탐지하고 돌아옵니다. 그들 중 열 명은 그 땅의 주민
들이 너무 강해서, 정복하는 것은 불가능하다고 부정적인 말을 합
니다. 오직 갈렙과 여호수아만 하나님께서 함께 하시니 정복할 수
있다고 말합니다. 그러나 백성들은 열 명의 말만 듣고, 소리치고
불평하며 밤새도록 통곡합니다. 우두머리를 세워 이집트로 돌아

가자며 아우성칩니다. 그들은 하나님을 원망하며, 이집트 땅에서 죽었거나, 광야에서 죽었더라면 좋았겠다고 말합니다. 차라리 이집트로 돌아가는 게 좋겠다고 합니다.

하나님은 대노하시며, 백성들 중에, 스무 살이 넘은 사람은 여호수아와 갈렙 빼고는 가나안 땅으로 들어가지 못할 것이라고 말씀하십니다. 그 벌로 백성들을 40년 동안 광야에서 떠돌게 하십니다.

> "너희가 그 땅을 사십일 동안 탐지하였으니, 그 날 수대로
> 하루를 일 년으로 쳐서 너희는 사십년 동안 너희의 죄의
> 짐을 져야 한다. 그제서야 너희는 내가 너희를 싫어하면
> 너희가 어떻게 되는지를 알게 될 것이다." (민수기 14:34)

3500년이 지난 지금 읽어도, 너무나 안타깝고 황당하게 느껴지는 사건입니다. 하나님께서 직접 탈출시킨 이집트로 돌아가겠다는 말은, 하나님을 버리겠다는 말입니다. 이제까지 하나님께서 해주신 모든 일들을 기억하지도 않고, 하나님의 능력을 신뢰하지도 않고 있습니다. 가나안 탐지의 결과는 이렇게 비극적인 결말로 끝이 났습니다. 왜 하나님은 가나안 정탐을 명하셔서 이런 비극을 만들었는지 이해할 수가 없었습니다.

그러다가 나는 같은 사건을 기록한 신명기 1장 19-23을 읽다가 깜짝 놀랐습니다. 모세는 가데스바네아에 이르러, 백성들에게 말합니다.

"보십시오, 주 당신들의 하나님이 주신 땅이 당신들 앞에 있습니다. 주 당신들의 조상의 하나님이 당신들에게 말씀하신 대로, 올라가서 차지하십시오, 두려워하지도 말고, 겁내지도 마십시오." (신명기1:21)

그러나 백성들은 모세에게 말했습니다.

"땅을 탐지할 사람들을 먼저 보내서, 우리가 올라갈 길과 우리가 쳐들어갈 성읍들이 어떠한지, 그 땅을 정찰하여 우리에게 보고하게 하자." (신명기 1:22)

하나님이 처음부터 땅을 정탐하라고 명령하신 것이 아니라는 사실을 알게 되었습니다. 백성들이 먼저 모세에게 그 땅을 정탐해 보자고 요구한 것입니다. 그들은 그 땅을 주시겠다는 하나님의 약속을 신뢰하지 못했던 것입니다. 하나님은 그들의 요구가 마음에 들지 않으셨을 텐데도, 허용하셨습니다. 민수기 13장 2절의 내용은, 어떤 식으로 정탐꾼을 보낼지 그 방법을 알려 주신 것 같습니다.

그렇게 하나님의 뜻이 아닌데도 자꾸만 조르면 허용하신 예가 성경에 여러 번 나옵니다. 예수님이 악을 행하라고 허락하신 것이 아닙니다. 하나님의 뜻이 아닌 것에 대한 허용은 실제로는 허용이 아닙니다. 그냥 내버려 두시는 것입니다.

사람들이 하나님을 인정하기를 싫어하므로, 하나님께서
는 사람들을 타락한 마음자리에 내버려 두셔서, 해서는
안 될 일을 하도록 놓아 두셨습니다. (로마서 1:28)

로마서 1장에 보면, 죄를 짓도록 내버려 두신다는 표현들이 많이 있습니다. 일부러 죄를 짓도록 부추기거나 허용하신 것이 아니라, 악한 본성대로 내버려 두셨다는 의미입니다. 하나님은 호소하고, 경고하고, 가르치고, 권유하기는 하지만, 인간의 마음을 강권적으로 바꾸는 경우는 극히 드뭅니다.

이스라엘 백성들이 애초에 하나님을 신뢰했다면, 가나안 땅을 정탐하자는 말이 나오지 않았을 것입니다. 결국 모든 백성들은 40년 동안 광야에 떠돌아다녀야 했고, 하나님을 원망했던 장본인들은 목적지에 들어가지도 못하고 죽을 수밖에 없었습니다. 그것이 하나님을 인정하지 않고, 신뢰하지 않는 사람들의 비참한 최후입니다.

다윗의 인구조사가
왜 잘못된 것인가요?

　이스라엘은 많은 전쟁에서 승리했고, 나라는 평탄해지고 경제적으로도 안정이 됩니다. 그런 시점에서 다윗이 인구조사를 명합니다. 그러나 요압 장군의 반응을 보면 그 명령이 뭔가 잘못되었다는 것을 느끼게 됩니다. 요압은 왜 이스라엘을 벌 받게 하려느냐고 말렸고, 다윗 역시 인구를 조사하고 난 직후 스스로 양심의 가책을 받아 하나님께 용서를 구합니다. 나는 이 내용을 읽으며, 인구조사가 왜 나쁜 일인지 그토록 벌을 받을 일인지 의아했습니다.

　다윗은 인구조사를 말리는 요압의 말을 전혀 들을 생각도 하지 않고 고집을 부립니다. 그 때 그의 모습을 보면 상당히 독선적이고, 교만에 빠져 있었다는 것을 알 수 있습니다. 거의 10개월에 걸쳐 인구조사를 했는데, 엄청난 재정과 인력이 동원되었을 것입니다. 다윗은 승승장구하다 보니 자신의 힘을 과시하고 싶었던 것 같습니다. 그가 전쟁에서 이긴 것은 절대적인 하나님의 은혜인데, 그는 그것을 잊고 있었습니다. 하나님의 은혜를 잊어버리면, 교만이 머리를 들게 됩니다.

　그가 인구를 조사하게 된 이유가 성경에 기록되어 있습니다.

두 평행구절이 상반된 내용으로 기록되어 있습니다. 모순이라고 여겨지는 두 구절에 열쇠가 있다는 생각이 들었습니다.

> 주님께서 다시 이스라엘에게 진노하셔서 백성을 치시려
> 고, 다윗을 부추기셨다.
> "너는 이스라엘과 유다의 인구를 조사하여라." (사무엘하
> 24:1)

> 사탄이 이스라엘을 치려고 일어나서, 다윗을 부추겨, 이
> 스라엘의 인구를 조사하게 하였다. (역대지상 21:1)

이 두 구절이 서로 상반된 듯 보이지만, 두 구절이 합하여 하나님의 뜻이 나타납니다. 하나님은 말씀을 따르지 않는 이스라엘 백성들에게 이미 진노하고 계셨습니다. 다윗에게만 진노하신 것이 아니고, 이스라엘 백성들에게도 진노하셨고, 징계할 계획을 가지고 계셨습니다. 사탄은 다윗에게 교만한 마음을 주었고, 다윗은 자신의 권력을 과시하기 위해 인구조사를 할 생각을 가지게 되었습니다. 하나님은 다윗과 악한 이스라엘을 징계하기 위해서 그의 마음을 허용하셨습니다. 나는 다윗의 잘못된 판단 때문에 수많은 죄 없는 백성들이 죽었다고 생각했었는데, 그건 아니었습니다.

하나님은 악을 부추기는 분이 아닙니다. 성경에는 하나님이 누군가의 마음을 강퍅하게 하셨다, 완악하게 하셨다, 눈을 멀게 하

시고, 마음을 무디게 하셨다, 깨닫지 못하게 하셨다, 등등의 표현이 있습니다. 그러나 그건 하나님이 사람의 마음을 악하게 바꾸셨다는 뜻이 아니고, 그들의 악한 마음을 원래의 본성대로 내버려 두셨다는 의미입니다. 하나님이 그들의 마음을 내버려두기까지, 그 전에 얼마나 많은 기회를 주셨을지 생각해 보아야 합니다. 하나님은 사람의 마음을 바꿀 능력이 있는 분이지만, 강제하지 않으십니다.

> 그래서 나는 그들의 고집대로 버려두고, 그들이 원하는
> 대로 가게 하였다. (시81:12)

인구조사의 결과는 참담했습니다. 하나님이 벌을 내리셔서, 전염병으로 이스라엘 백성이 칠만 명이나 죽게 됩니다. 다윗은 장로들과 함께 굵은 베옷을 입고 얼굴을 땅에 대고 엎드려 기도합니다. 자신의 죄와 악을 철저히 회개하며, 전염병을 거두어 달라고 간구합니다.

하나님은 선지자 갓을 통해 오르난의 타작마당으로 올라가 주님의 제단을 쌓으라고 명합니다. 다윗은 소와 타작마당의 값을 오르난에게 지불하고, 그곳에서 번제와 화목제를 드립니다. 그러자 하나님께서는 불을 번제단 위에 내려 응답하시고, 재앙이 그치게 됩니다. 하나님은 교만과 악을 징계하시지만, 회개를 받아 주시는 분입니다.

나는 이 내용을 읽으며 인구조사가 왜 잘못일까 의아한 마음을 가졌었는데, 인구조사 자체를 나무란 것이 아니었습니다. 다윗의 내면에 감추어져 있던 교만과 악을 드러내시고, 징계하셔서 그를 더 성숙한 믿음의 사람으로 빚어 가길 원하셨던 것입니다. 다윗은 하나님이 기뻐했던 사람이고, 주님과 친밀한 교제를 나누는 사람이었습니다. 그래서 자기의 죄에 대해 민감할 수 있었고, 즉각 자기 잘못을 눈물로 회개합니다. 다윗의 모습을 보면서, 죄를 짓지 않을 자신은 없지만, 즉각 회개의 자리로 나아가는 모습을 본받아야겠다는 생각을 했습니다.

아기 예수는
언제 이집트로 피신했나요?

예수님이 탄생하신 후, 목자들과 동방박사들의 방문이 성경에 기록되어 있습니다. 목자들의 방문 시기는 확실히 언급되어 있습니다.

누가복음 2장에 요셉과 마리아가 호적 등록을 하러 베들레헴으로 갑니다. 해산할 날이 되었는데 여관에는 들어갈 방이 없어서 마구간으로 들어가 아기를 낳아 구유에 눕혀 둡니다. 그 날 밤 목자들이 들에서 양 떼를 지키고 있는데, 주님의 천사가 나타나 기쁜 소식을 전합니다.

"오늘 다윗의 동네에서 너희에게 구주가 나셨으니. 그는 곧 그리스도 주님이시다. 너희는 한 갓난아기가 포대기에 싸여, 구유에 뉘어 있는 것을 볼 터인데, 이것이 너희에게 주는 표징이다."

그 소식을 들은 목자들은 바로 그날 밤에 급히 베들레헴으로 달려가, 천사가 말한 대로 구유에 뉘어 있는 아기를 보게 되고, 하나님께 영광을 돌립니다.

그러나 동방박사들이 예수님을 방문한 시기는 기록되어 있지 않습니다. 마태복음 2장에 동방박사들이 별을 보고 찾아와, 예수님께 경배 드리고 예물을 드립니다. 마태복음 1장 마지막 절에 예수님의 탄생이 기록되고, 바로 다음 절 2장 1절에 동방박사가 예루살렘에 도착한 내용이 기록되어 있습니다. 그래서 마치 예수님이 태어나고, 금방 동방박사가 방문한 것처럼 느껴집니다. 예수님의 탄생에 대한 그림이나 카드에도, 목자들과 동방박사들이 한 자리에 함께 구유에 있는 예수님께 경배하는 모습을 보게 됩니다. 이렇게 대부분의 사람들은 동방박사들이 예수님을 방문한 시기를 혼동하고 있다는 것을 알 수 있습니다.

예수님을 경배한 동방박사들은 꿈에 헤롯에게 가지 말라는 지시를 받고 다른 길로 돌아갑니다. 박사들이 돌아간 후에, 주님의 천사가 요셉의 꿈에 나타나, 헤롯이 아기를 죽이려 하니 이집트로 피신하라고 말합니다. 요셉은 즉시 순종하여 이집트로 피신합니다. 마태복음에 적혀 있는 느낌대로라면 동방박사는 갓 태어난 예수님께 경배하고, 예수님 가족은 곧 이집트로 피신한 것처럼 느껴집니다. 그래서 마태복음을 읽은 후, 누가복음을 읽으면, 도대체 예수님 가족은 언제 예루살렘 성전에 갔는지 의아해집니다.

누가복음에는 동방박사 얘기나 이집트로 피신한 내용이 아예 없습니다. 아기 예수는 8일 만에 할례를 받았고, 처음 난 것은 거룩하게 구별하여 드리라고 하신 모세의 법대로, 아기를 하나님께 드리려고 성전으로 올라갑니다.

모세의 법대로 그들이 정결하게 되는 날이 차서, 그들은 아기를 주님께 드리려고 예루살렘으로 데리고 올라갔다.

(누가복음 2:22)

복음서의 내용들을 종합해 보면, 예수님 가족이 예루살렘 성전으로 간 것은 예수님이 태어난 지 33일이 지나서였을 것입니다. 레위기 12장에 아들을 낳고 33일이 되어 정결하게 되는 날이 차면 속죄제를 드리는 규례가 있습니다. 요셉 부부는 첫 아들을 주님께 드리고, 또 마리아의 정결예식을 위해, 성전에서 가까운 베들레헴에 머물러 있었을 것입니다. 계속 마구간에 있지는 않았을 것이고, 근처에 방을 구해 산후조리를 했으리라 생각합니다. 그들이 성전으로 올라간 날, 그리스도를 기다리고 있던 예언자 시므온과 안나를 만나게 됩니다.

우리가 이렇게 혼동하게 되는 이유는 성경은 과감한 생략이 있는 책이기 때문입니다. 마태복음 1장 25절과 바로 다음 절 2장 1절 사이에는, 33일 이상의 간격이 있습니다. 성경에는 시간 간격에 대해 설명하지 않는 경우가 많이 있습니다. 마태복음과 누가복음의 저자는 다른 관점과 강조점을 가지고 있고, 다른 해석을 하고 있습니다. 어떤 사건을 수사할 때, 여러 증인들의 말이 너무 딱 들어맞으면 혹시 서로 짜지 않았나 의심이 든다고 합니다. 한 사건이라도 저자들이 서로 다른 관점에서 썼다면, 어긋나는 것은 당연하다는 생각이 듭니다.

동방박사는 별을 보고 머나 먼 동방에서부터 오게 되는데, 베들레헴에 도착한 시점이 예수님 탄생 후 33일이 넘었을 때입니다. 예수님 가족이 성전에 다녀온 직후입니다. 한 치의 오차도 없으신 하나님은, 동방박사들이 허탕 치는 일이 없도록, 예수님 가족이 성전에서 돌아온 후에 도착하게 하셨을 것입니다. 동방박사들은 예루살렘에 와서 묻습니다.

"유대인의 왕으로 나신 이가 어디에 계십니까? 우리가 동방에서 그의 별을 보고, 그에게 경배하러 왔습니다."

동방에서 보았던 별이 계속 그들을 인도하지는 않았던 것 같습니다. 그들은 별이 보이지 않자, 왕이니까 궁전에 있을 거라고 생각했던 것 같습니다. 그래서 궁전으로 온 것입니다. 그들의 물음에 헤롯왕은 당황합니다. 그는 성경에 정통한 종교 지도자들을 모아 놓고, '그리스도'가 어디에서 태어날지 물어봅니다. 종교 지도자들은 예언자의 기록대로라면 유대 베들레헴이라고 대답합니다. 동방박사들이 말한 '유대인의 왕으로 나신 이'가 '그리스도'라는 사실을 헤롯왕이 알고 있다는 게 신기합니다. 이미 성경에 예언되었다는 걸 다 알면서도 그를 죽이려 한다는 것은, 하나님의 섭리를 무시하는 태도입니다. 헤롯왕은 박사들에게 별이 나타난 때를 자세히 캐어묻고, 그들을 베들레헴으로 보내며 자기도 그에게 경배하려 하니 알려 달라고 부탁합니다. 사실은 그를 찾아내어 죽이기 위해서입니다.

동방박사들이 베들레헴을 향해 떠날 때, 동방에서 보았던 그 별이 다시 그들을 인도합니다. 그 별은 예수님이 계신 곳 위에 멈춤니다. 그 별을 봤을 때 그들의 기쁨이 얼마나 컸을지 상상해 봅니다. 긴 여행을 하며, 제대로 오기는 왔는지, 의심과 염려의 시간들이 있었을 것입니다. 동방에서 발견하고 확신했던 그 별이 다시 나타나고, 그 별이 예수님 계신 곳에 멈췄을 때, 그들은 경이와 기쁨의 환호성을 질렀을 것 같습니다. 긴 여행의 어려움을 다 보상받는 느낌이었을 것입니다.

2장 11절에 그들은 기뻐하며 '그 집에' 들어가 예수께 경배했다고 기록하고 있습니다. 예수님 가족은 마구간이 아니라, 집에 머무르고 계셨던 것입니다. 첫 아들을 주님께 드리고, 마리아의 정결 예식과 몸의 회복이 이루어진 시점에서 동방박사의 방문이 있었던 것입니다. 곧 이어 그들은 하나님의 지시대로, 이집트로 피신을 가게 됩니다. 만약 아기를 낳자마자 금방 먼 길을 떠났다면, 많이 힘들었을 것이고, 아기와 산모의 건강에도 문제가 있었을 것입니다. 이 짧은 내용만을 읽어도, 모든 것을 예비하시고 보호하시는 하나님의 계획과 섭리가 느껴집니다. 모든 역사는 크신 하나님의 손 안에 있다는 생각을 하게 됩니다.

성경을 읽다보면, 같은 내용을 쓴 것인데 불일치하는 경우가 많이 있습니다. 그것을 보며 성경에 오류가 있다고 말하는데, 전혀 그렇지 않습니다. 저자의 가치관이나 경험, 성격, 그리고 대상이 다르기 때문에, 관점이나 강조점이 다를 수밖에 없습니다. 그런 불일치가 오히려 조작하지 않고 진실을 썼다는 증거가 될 수 있습니다. 성경에는 항상 과감한 생략이 있고, 시간 간격에 대한 설명이 없습니다. 성경을 읽을 때, 그 당시의 첫 번째 독자가 처한 상황이나, 문화, 풍습, 기후, 지리적인 배경을 염두에 두고 읽어야 합니다.

주님을 불러도
하늘나라에 못 들어가나요?

"나더러 '주님', '주님' 하는 사람이라고 해서, 다 하늘나라
에 들어가는 것이 아니다. 하늘에 계신 내 아버지의 뜻을
행하는 사람이라야 들어간다." (마7:21)

이 말씀은 내가 이제까지 배워 온 구원관과는 상반되는 내용입
니다. 나는 믿음으로 구원을 받을 수 있다고 굳게 믿고 있었습니
다. 그런데 이 말씀은 구원의 조건이 믿음만이 아니라 행위가 동
반되어야 한다는 말처럼 들렸습니다.

나는 성령님께 지혜를 구하며 기도를 드렸습니다. 그리고 이
말씀의 앞과 뒤를 세밀히 살피며 다시 한 번 읽어 보았습니다. 그
들은 주님의 이름으로 예언을 하고, 귀신을 쫓아내고, 많은 기적
을 행했다고, 주장하고 있습니다. 예수님 앞에서 강력히 주장하고
있는 것을 보면, 그런 능력이 나타났던 것은 사실인 것 같습니다.
그러나 예수님은 단호하게 말씀하십니다.

"나는 너희를 도무지 알지 못한다. 불법을 행하는 자들아,

내게서 물러가라." (마7:23)

예수님은 '불법을 행하는 자'라고 그들을 지칭하고 있습니다. 그렇다면 그들은 결코 예수님을 믿는 사람들일 수 없습니다. 믿지 않는 사람이라면, 예수님의 이름으로 예언을 하거나, 귀신을 쫓아내거나, 기적을 행할 수 없습니다. 예수님은 악한 자들을 통해서는 능력을 나타내지 않으십니다. 그렇다면 그들은 누구일까요? 그들은 바로 앞 단락, 7장 15절에서 말씀하신 양의 탈을 쓴 **'거짓 예언자들'**이라는 것을 알 수 있었습니다. 그들은 예수님께 속해 있는 자들이 아니고 사탄에 속해 있는 자들입니다. 거짓 예언자들도 큰 능력을 나타내며 성도들을 미혹할거라고 예수님은 말씀하셨습니다.

"거짓 그리스도들과 거짓 예언자들이 일어나서, 큰 표징과 기적을 일으키면서, 할 수만 있다면 선택받은 사람들까지도 홀릴 것이다." (마24:24)

'아버지의 뜻을 행하는 사람이 하늘나라에 들어간다'는 말씀은 행위로 하늘나라에 간다는 의미가 아니라는 것을 깨달았습니다. 행위의 개념이 아니라, 그가 어디에 속해 있는지에 대한 소속의 개념입니다. 그들은 예수님께 속한 자들이 아니기 때문에, 아버지의 뜻을 행할 수 없습니다. 다시 말하면 좋은 나무에 속해 있지 않으니, 좋은 열매를 맺을 수가 없습니다. 16절에 예수님은 열매를 보고 그들을 알아야 한다고 하십니다. 좋은 나무에 속해 있다면 좋은 열매가 맺히는 건 당연합니다.

> "좋은 나무가 나쁜 열매를 맺을 수 없고, 나쁜 나무가 좋은 열매를 맺을 수 없다." (마 7:18)

'반석 위에 지은 집'과 '모래 위에 지은 집'도 같은 맥락에서 이해하면 되리라 생각합니다. 집을 얼마나 잘 짓는지가 중요한 게 아니라, 어디에 기초해서 짓는지가 중요합니다. 반석 위에 집을 짓는다는 것은 예수님을 기초로 집을 짓는 것이고, 예수님께 속해 있다는 의미입니다. 성경에 쓰여 있는 반석이란 단어는 대부분 하나님과 예수님을 뜻하고 있습니다.

> "그러므로 내 말을 듣고 그대로 행하는 사람은, 반석 위에다 자기 집을 지은, 슬기로운 사람과 같다고 할 것이다." (마7:24)

> 너희는 영원토록 주님을 의지하여라. 주 하나님만이 너희를 보호하는 영원한 반석이시다. (이사야 26:4)

> 다 같은 신령한 음료를 마셨으니 이는 그들을 따르는 신

령한 반석으로부터 마셨으매 그 반석은 곧 그리스도시
라. (고전10:4)

여기서 **'내 말을 듣고 그대로 행하는 사람'** 역시 **'아버지의 뜻을 행
하는 사람'**처럼 행위에 대한 개념이 아니라 소속에 대한 개념이라
는 걸 깨닫게 됩니다. 예수님께 소속되어 있다면 예수님의 뜻을
행하게 된다는 의미입니다.

"누구든지 나를 사랑하는 사람은 내 말을 지킬 것이다."
(요14:24)

"나를 사랑하지 않는 사람은 내 말을 지키지 아니한다."
(요14:25)

예수님은 십자가의 죽음과 부활로 나를 구원해 주셨습니다. 하
나님의 자녀로 인정해 주시고, 영생의 소망을 주셨습니다. 예수님
을 믿고 구원을 받았다는 사실은 놀라운 기적이며 감격입니다. 그
러나 구원을 감사하고 기뻐하는 것에 머물러 있어서는 안 된다는
생각이 듭니다. 예수님은 **'말을 듣고 그대로 행하는 사람'**을 기뻐하
십니다. 믿고 구원받기를 바라시지만, 믿는 제자들이 순종하기를
간절히 원하십니다. 예수님은 구원받은 사람이 맺어야 하는 열매
를 항상 강조하셨습니다. 그리고 열매 맺는 비결을 말씀해 주셨습

니다.

> "나는 포도나무요, 너희는 가지이다. 사람이 내 안에 머물
> 러 있고, 내가 그 안에 머물러 있으면, 그는 많은 열매를
> 맺는다. 너희는 나를 떠나서는 아무것도 할 수 없다." (요
> 15:5)

가지는 나무에 붙어 있어야 생명을 유지할 수 있습니다. 나무에서 떨어지면 곧 시들어 죽고 맙니다. 좋은 나무에 딱 붙어 있기만 하면 열매는 저절로 열리게 됩니다. 예수님을 나의 주인으로 모신다면, 그의 존재를 항상 느끼고 의식하며 살게 됩니다. 물론 나의 연약함 때문에 죄를 짓기도 하지만, 그것을 다 아시는 예수님은 회개할 수 있는 은혜도 주셨습니다.

그렇게 예수님을 주인으로 모시고 사는 사람이 반석 위에 집을 지은 사람이라는 생각이 듭니다. 반석 위에 집을 지은 사람은 자기의 소속을 확실히 아는 사람입니다. 예수님을 나의 하나님, 나의 주님으로 고백한 사람입니다.

예수님은 어머니 마리아를 과소평가 하셨나요?

> 예수께서 이 말씀을 하고 계실 때에, 무리 가운데서 한 여자가 목소리를 높여 그에게 말하였다. "당신을 밴 태와 당신을 먹인 젖은 참으로 복이 있습니다!" 그러나 예수께서 이렇게 말씀하셨다. "오히려 하나님의 말씀을 듣고 지키는 사람이 복이 있다." (눅11:27-28)

'당신을 밴 태와 당신을 먹인 젖'은 분명 마리아를 뜻하는 것입니다. 그런데 예수님의 대답에 의아한 생각이 들었습니다. 예수님은 **'오히려 하나님의 말씀을 듣고 지키는 사람'**이 복이 있다고 하십니다. 마치 자신의 어머니를 과소평가하고 있는 것 같습니다. 그렇다면 예수님은 마리아가 이룬 업적에 대해서는 어떻게 생각하실까요?

여러 번 읽고 묵상하다가, 무리 가운데 있었던 한 여자가 말한 '복'과 예수님이 말씀하시는 '복'은 완전히 다른 개념의 복이라는 사실을 깨달았습니다. 여자가 말한 복은 세상적인 복입니다. 예수님을 칭찬하기 위해 한 말이지만, 지혜롭고 능력 있는 아들을 둔 예수님의 어머니는 얼마나 좋을까 부러워하는 마음을 가지고 있습니다. 세상적인 성공에 대한 복을 말하고 있는 것입니다.

그러나 예수님이 말씀하신 복은 완전히 다른 차원의 복입니다. 예수님은 항상 세상적인 복이 아닌 영적인 복에 대해 말씀하십니다. 산상설교에서 말씀하셨던 팔복처럼, 이 세상에 속한 복이 아니라, 하나님 나라의 복입니다. 이 팔복을 마리아에게 적용해 보니, 다 해당되고 있다는 생각이 들었습니다. 마리아는 영적으로는 큰 복을 받은 분이지만, 세상에서는 큰 고난을 당한 분입니다. 마리아의 고난은, 하나님의 말씀을 믿고 순종한 그때부터 시작되었습니다.

> 마리아가 이르되 주의 여종이오니 말씀대로 내게 이루어지이다. (눅1:38)

마리아는 인간적으로 도저히 불가능한 일을 믿었고, 순종하는 마음으로 말씀대로 이루어지기를 원한다고 했습니다. 사실 처녀인 마리아가 임신을 한다는 자체가 도저히 순종하기 어려운 일이었습니다. 그 일로 인해 자신에게 닥칠 고난을 감수하고 받아들인 순종이었습니다. 마리아는 성령으로 잉태하여 태어날 아들이 누구며, 어떤 일을 할 거라고 생각했을까요? 가브리엘 천사가 예수님에 대해 예언한 엄청난 내용들을 들으며, 정말 특별한 아기가 태어날 것이라고 생각했을 것입니다. 자신에게 어떤 엄청난 초

자연적인 일이 일어나고 있다는 것을 알았을 것입니다. 큰 기대와 소망이 있었겠지만, 얼마나 두렵고 떨렸을까요? 마리아는 "말씀대로 이루어지이다."라고 대답하는데, 그녀가 예상했던 '말씀대로 이루어지는 범위'는 어느 정도였을까 생각해 봅니다.

결과는 마리아가 예상할 수 있었던 범위를 완전히 초월해서, 모든 하나님의 말씀이 완벽하게 이루어집니다. 마리아의 상식과 수준에서는 상상조차 할 수 없었던 위대한 하나님의 일이 이루어진 것입니다. 여기에 순종의 신비가 있다는 생각이 듭니다. 마리아를 통해 이루어진 모든 성과는, 사람이 이룬 것이 아니라 하나님께서 이루신 것입니다. 하나님의 선하신 계획대로, 하나님의 말씀대로 이루어진 것이니, 사람이 자랑할 일은 아무것도 없습니다.

그렇다면 마리아가 한 것은 무엇일까요? 마리아에게 칭찬 받을 만한 일이 있었다면, 그것은 하나님의 말씀에 순종한 것입니다. 그녀야말로 '**하나님의 말씀을 듣고 지킨 사람**'입니다. 마리아는, 그녀를 칭송했던 여자가 말했던 제한적이고 불완전한 이 세상의 복을 받은 것이 아닙니다. 하나님 나라의 영원하고 완전한 복을 받은 것입니다. 그걸 다 알고 계신 예수님은, 마리아를 과소평가하신 것이 아니라, '하나님의 말씀을 듣고 지키는 사람이 복이 있다'며, 마리아를 축복하시고 칭찬하신 것입니다. 그 여자는 마리아가 이룬 성과에 대해서 칭찬했지만, 예수님은 하나님의 말씀을 듣고 지킨 순종을 칭찬하신 것입니다.

이 말씀을 묵상하며, 다시 한 번 나의 마음을 점검해 볼 수 있었습니다. 나는 선교를 하면서도 성과에 대해서 관심이 많았던 것 같습니다. 그래서 가정 가정을 방문해 예배를 드리는 가정교회 사역을 하며, 마음이 힘들 때가 많았습니다. 아무리 열심히 해도 사람들은 변하지 않는 것 같고, 눈에 보이는 것은 아무것도 없는 것 같았습니다.

성과는 눈에 보이는 것입니다. 성과에 관심을 가지는 것은, 남 앞에 드러나기 원하는 마음 때문인지도 모릅니다. 그 마음은 교만으로 이어지기 쉽습니다. 이 말씀을 묵상하며, 내 마음속에 자리 잡은 교만을 보았고, 회개하는 시간을 가질 수 있었습니다.

내가 무언가를 했다 해도, 주님의 편에서 본다면 아무것도 아닐 것입니다. 주님은 내가 없어도 모든 일을 이루실 수 있는 능력 있는 분입니다. 만약 내가 한 일을 기뻐하셨다면, 이룬 성과 때문이 아니라, 주님을 사랑하고 순종하는 마음 때문일 것입니다.

왜 요한은 마리아를
자기 집으로 모셨을까요?

예수께서는 자기의 어머니와 사랑하시는 제자가 곁에 서 있는 것을 보시고 자기 어머니께 말씀하시되 여자여 보소서 아들이니이다 하시고 또 그 제자에게 이르시되 보라 네 어머니라 하신대 그 때부터 그 제자가 자기 집에 모시니라 (요19:26-27)

나는 이 구절을 읽으며, 마리아에게는 다른 아들들이 있는데, 왜 요한이 마리아를 자기 집으로 모셨을까 의아했습니다.

이 말씀을 깊이 묵상하다가, 예수님이 평소에 어머니나 형제자매라고 말할 때에는, 영적인 의미로 말씀하셨다는 것을 깨닫게 되었습니다. 한 번은 예수님의 어머니와 형제들이 예수님을 찾아온 적이 있었습니다. 그 말을 전해 들은 예수님은 말씀하셨습니다.

"누가 나의 어머니이며 누가 나의 형제들이냐?"

그리고 손을 내밀어 제자들을 가리키며 말씀하셨습니다.

"보아라 나의 어머니와 나의 형제들이다. 하늘에 계신 내 아버지의 뜻을 따라 사는 사람이 곧 내 형제요 자매요 어머니이다."

하나님의 뜻에 따라 사는 사람은 다 하나님의 자녀이며, 영적으로는 다 한 가족입니다. 예수님은 이 땅에 오신 목적이 영적인 구원이라는 사실을 한 시도 잊지 않고 계셨던 것 같습니다.

"이 분이 네 어머니이시다"라는 예수님의 말씀을 듣고, 요한은 그것이 영적인 가족을 의미한다는 것을 즉시 깨달았을 것입니다. 그 때부터 요한은 마리아를 자기 집으로 모셨습니다. 자기 집으로 모셨다고 기록되어 있지만, 요한은 그 때 모든 제자들과 함께 예루살렘에 머물러 있었습니다. 자연스럽게 마리아는 제자들과 함께 지내게 된 것입니다. 그들과 함께 지내는 것이 예수님을 잃은 마리아에게 큰 위로가 되었을 것입니다. 어머니가 제자들과 함께 있으니, 예수님의 동생들도 자연스럽게 합류할 수 있었으리라 생각합니다.

예수님은 제자들에게 예루살렘을 떠나지 말고, 성령세례를 받을 때까지 기다리라고 하셨습니다. 그래서 다락방에 함께 모여 한마음으로 기도에 힘씁니다. 모인 사람이 120명 정도라고 했는데, 그 안에 마리아와 예수님의 동생들이 있었다는 것이 놀랍습니다. 요한이 마리아를 모시고 갔기 때문에 가능했던 일이라 생각합니다. 예수님은 마리아와 동생들을 교회 공동체의 멤버로 묶어 주는 역할을 하신 것입니다. 그래서 요한에게 어머니 마리아를 모시도록 하셨다는 생각이 듭니다.

그들은 성 안으로 들어와서, 자기들이 묵고 있는 다락방으로 올라갔다. 이 사람들은 베드로와 요한과 야고보와 안드레와 빌립과 도마와 바돌로매와 마태와 알패오의 아들 야고보와 열심 당원 시몬과 야고보의 아들 유다였다. 이들은 모두, 여자들과 예수의 어머니 마리아와 예수의 동생들과 함께 한 마음으로 기도에 힘썼다. (사도행전 1:13-14)

예수님에게는 적어도 네 명의 남동생과 두 명 이상의 여동생이 있는 것을 알 수 있습니다. 형제들의 이름은 야고보, 요셉, 시몬, 유다로 기록되어 있습니다. (마13:55, 막6:3) 그들은 예수님 공생애 기간에는 믿음이 없었다고 기록되어 있습니다. (요7:5) 그러나 부활하신 예수님을 만나고, 성령을 받은 후 완전히 새롭게 변했을 것입니다. 야고보는 예루살렘 교회의 중요한 리더로 활동했으며, 야고보서의 저자입니다. 유다도 유다서를 기록했습니다.

야고보는 자신을 '**하나님과 주 예수 그리스도의 종**'이라고 표현했고, 유다는 '**예수 그리스도의 종이요 야고보의 동생**' 이라고 기록하고 있습니다. 예수님이 육신적으로는 형제일지라도, 영적으로는 그들의 주님이라는 것을 확실히 하고 있습니다. 그런 표현들을 보며, 예수님의 형제들이 성경을 썼다는 것이 아주 중요한 의미가 있다는 생각이 듭니다. 예수님이 그들의 육신의 형제이긴 하지만, 이제는 그들의 주님이라는 것을 선포한 것입니다. 한 부모 아래서 함께 자라던 예수님을 주님으로 고백하기까지는 많은 과정들이 있었으리라 생각합니다. 그들은 예수님의 능력과 지혜를 가장 가까이에서 보았습니다. 그럴수록 그들의 마음속에는 많은 혼란이 있었을 것입니다. 예수님 생전에는 그분이 누구신지 알지 못했고, 믿음도 없었습니다. 그러다가 예수님의 부활을 보고 믿기 시작했을 것이고, 성령을 받은 후 완전히 거듭났을 것입니다.

　예수님의 어머니 마리아 역시 마찬가지입니다. 육신적으로는 예수님을 낳고 키워준 어머니이지만, 예수님을 주님으로 모시는 성도 중 한 명이었습니다. 예수님의 어머니와 동생들을 포함한 120명의 제자들이 모여서 한 마음으로 간절히 기도할 때, 그들 모두에게 성령이 내렸습니다.

　　그리고 불길이 솟아오를 때 혓바닥처럼 갈라지는 것 같은 혀들이 그들에게 나타나더니, 각사람 위에 내려앉았다. 그들은 모두 성령으로 충만하게 되어서, 성령이 시키시는 대로, 각각 방언으로 말하기 시작하였다. (행 2:3-4)

　예외 없이 마리아와 예수님의 동생들에게도 성령이 내렸고, 성령이 시키시는 대로 방언으로 말했을 것입니다. 예수님의 어머니 마리아가 기도의 대상이 아니라 기도하는 성도일 뿐이라는 것을 잘 나타내 주는 구절입니다.

　성경을 보면, 예수님은 한 번도 마리아에게 어머니라고 부르지 않았습니다. 항상 '여자여'라고 부르고 있습니다. 그 당시 '여자여'

라는 표현이 상당히 높여서 부르는 존칭이었다고는 하지만, 일반적으로 어머니를 그렇게 부르지는 않았을 것입니다. 예수님은 살아 계신 동안에도 관계 정리를 하고 계셨다는 생각이 듭니다.

예수님이 12세 때 성전에 갔다가, 예수를 잃어버린 일이 누가복음 2장에 기록되어 있습니다. 사흘 뒤에 성전에 있는 예수를 발견한 마리아가 말합니다.

"얘야, 이게 무슨 일이냐? 네 아버지와 내가 너를 찾느라 얼마나 애를 태웠는지 모른다."

그러나 예수님은 예상을 넘어서는 대답을 합니다. 보통 아이라면 혼날까 봐 쩔쩔매어야 할 판에, 너무나도 당당하게 왜 찾았느냐고 되묻습니다.

"어찌하여 나를 찾으셨습니까? 내가 내 아버지의 집에 있어야 할 줄을 알지 못하셨습니까?"

예수님의 부모는 그 말이 무슨 뜻인지 깨닫지 못했다고 기록되어 있습니다. 그러나 마리아는 항상 이 모든 일들을 마음에 간직하였다고 성경에 기록되어 있습니다. 그녀가 사려 깊은 여인이었다는 것을 나타내는 내용입니다. 마리아는 예수님의 비범함을 항상 느끼고 있었을 것입니다. 예수님은 그때부터 자신이 누구인지를 항상 말씀하고 계셨던 것 같습니다. 자신이 평범한 누군가의 아들이 아니라, 하나님의 아들이라는 것을 나타내셨던 것입니다.

마리아에 대한 성경의 기록은 많지 않지만 그녀는 엄청난 일들을 겪었습니다. 성령으로 잉태하여 아들을 낳을 것이라는 가브리엘 천사의 예언은 실로 놀라운 것이었습니다. 태어날 아기는 거룩한 분이고, 하나님의 아들이라는 것입니다. 마리아에게는 너무나도 놀랍고 기대가 되지만, 한편으로는 두려운 일이었을 것입니다. 처녀가 잉태하여 아기를 낳는다는 것이 그 당시에 어떤 의미인지 그녀는 누구보다도 잘 알고 있었을 것입니다. 마리아는 세례 요한의 어머니인 엘리사벳의 축복과 찬양을 통해 많은 위로를 받게 됩니다. 하나님의 말씀을 받았지만, 사람의 말을 통해 확인받는 것만큼 큰 위로는 없었을 것입니다.

그 후 계속해서 놀라운 일들의 연속입니다. 아기가 태어나자 목자들이 방문해서, 천사가 한 말을 전해 줍니다.

"두려워하지 말아라. 나는 온 백성에게 큰 기쁨이 될 소식을 너희에게 전하여 준다. 오늘 다윗의 동네에서 너희에게 구주가 나셨으니, 그는 곧 그리스도 주님이시다."

이 말을 들은 마리아는 역시 마음속에 깊이 간직합니다.

> 마리아는 이 모든 말을 고이 간직하고, 마음속에 곰곰이
> 되새겼다. (눅2:19)

별을 보고 동방 박사들이 그들을 방문했을 때도, 동방박사들의 꿈과 요셉의 꿈을 통해 하나님께서 지시하실 때에도, 마리아는 예수님이 보통 사람이 아니라는 것을 알았을 것입니다.

아기를 주님께 드리고 정결예식을 하려고 성전으로 갔을 때, 예

언자 시므온과 또 여 예언자인 안나를 만납니다. 시므온은 그리스
도를 만나기 전에는 죽지 않을 것이라는 성령의 지시를 받은 사람
이었습니다. 그는 하나님을 찬양하며 말합니다.

"내 눈이 주님의 구원을 보았습니다. 주님께서 이것을 모든 백
성 앞에 마련하셨으니, 이는 이방 사람들에게는 계시하시는 빛이
요, 주님의 백성 이스라엘에게는 영광입니다."

그리고 이어서 마리아에게 너무나도 이해하기 어려운 예언의
말씀을 전합니다.

> "보십시오. 이 아기는 이스라엘 가운데 많은 사람을 넘어
> 지게도 하고 일어서게도 하려고 세우심을 받았으며, 비방
> 받는 표징이 되게 하려고 세우심을 받았습니다. 그리고
> 칼이 당신의 마음을 찌를 것입니다. 그리하여 많은 사람
> 의 마음 속 생각들이 드러나게 될 것입니다." (눅2:34-35)

이런 모든 일들을 통해 마리아는 예수님이 특별한 분이라는 것
을 알게 되었겠지만, 그가 누구신지, 무슨 일을 하실지, 확실히는
몰랐을 것 같습니다. 가나의 혼인잔치에서 다시 마리아가 등장하
는데, 그녀는 떨어진 포도주를 예수님이 해결할 수 있을 것이라고
생각하고 있습니다. 이미 예수님께 특별한 능력이 있다는 것을 알
고 있었던 것 같습니다. 그 당시에는 혼인잔치에서 포도주가 떨어
진다는 것은 정말로 곤란한 일이었다고 합니다. 거기서도 예수님

은 어머니를 '여자여'라고 부르고 있습니다.

마리아는 예수님의 놀라운 지혜와, 말씀의 능력과, 엄청난 기적들에 대해 계속 놀랐을 것입니다. 낳아서 키우긴 했지만, 자신이 감당할 수 없는 인물이라는 것을 알았을 것입니다. 이미 자기 아들이 아니라고 포기하고 있었을 것 같습니다. 그렇다 할지라도 십자가에 달리신 예수님을 바라보는 그 마음은 얼마나 아팠을까요. '칼이 당신의 마음을 찌를 것'이라고 예언했던 예언자 시므온의 말이 기억났을 것입니다. 그리고 예수님이 부활하셨을 때, 누구보다 더 기뻐한 사람은 마리아였을 것입니다.

마리아의 모습이 마지막 등장한 것은 120명의 성도들이 마가의 다락방에 모여 기도할 때입니다. 마리아가 예수님의 육신의 어머니이긴 하지만, 그녀 역시 예수님을 주님으로 모시는 성도라는 것을 나타내는 의미심장한 구절입니다. 마리아는 기도의 대상이 아니고, 기도를 해야 하는 성도입니다. 예수님께서 요한에게 마리아를 부탁하셨기에 예배 공동체에서 함께 신앙생활을 할 수 있는 축복을 누릴 수 있었다는 생각이 듭니다. 그렇게 예수님은 육신의 어머니와 형제들을 끝까지 책임지셨습니다.

용서는
구원의 조건인가요?

"너희가 남의 잘못을 용서해 주면, 너희 하늘 아버지께서도 너희를 용서해 주실 것이다. 그러나 너희가 남을 용서해 주지 않으면, 너희 아버지께서도 너희의 잘못을 용서해 주지 않으실 것이다." (마 6:14-15)

"너희가 각각 진심으로 자기 형제자매를 용서해 주지 않으면, 나의 하늘 아버지께서도 너희에게 그와 같이 하실 것이다." (마 18:35)

"너희가 서서 기도할 때에, 어떤 사람과 서로 등진 일이 있으면, 용서하여라. 그래야, 하늘에 계신 너희 아버지께서도 너희의 잘못을 용서해 주실 것이다." (막 11:25)

나는 이 말씀들을 읽으며, 하나님 아버지의 용서가 나의 용서를 조건으로 이루어진다는 것이 이해가 되지 않았습니다. 복음은 예수님을 믿기만 하면, 죄를 용서받고 구원받는 것입니다. 그런데

177

예수님께서 왜 이렇게 말씀하셨을까 생각해 보았습니다. 용서를 강조한 것이라고 생각하고 넘어갈 수도 있겠지만, 다른 의미가 있을 것 같았습니다. 깊이 묵상하는 중에 새로운 사실을 깨닫게 되었습니다.

이 말씀은 예수님께서 제자들에게 주신 말씀입니다. 이미 하나님을 아버지라고 부르는, 하나님의 자녀들에게 주신 말씀입니다. 여기서 말씀하시는 용서는, 구원받기위한 용서가 아니라, 이미 구원받은 사람이 또 죄를 짓고, 회개할 때 받게 되는 용서를 의미하는 것입니다.

그렇다면 용서하지 않으면, 용서를 받지 못하는 이유가 무엇일까 생각해 보았습니다. 그것은 용서하지 않는 것 자체가 죄이기 때문입니다. 사도 바울은 '용서하지 않는 것은 사탄에게 속아 넘어가는 것'이라고 말했습니다. 죄를 짓고 있는 상태에서는 기도가 응답되지 않습니다. 용서하지 않으면, 죄를 지은 상태에 있으니, 용서받을 수 없는 것입니다. 용서하지 않는 죄를 주님께서 이토록 중요시 여기신다는 사실이 놀라웠습니다.

대부분 용서하지 않은 것에 대해서는, 그것이 죄라는 사실 조차 알지 못합니다. 내가 억울한 일을 당했기 때문에 당연하다고 생각합니다. 그러나 용서는 상대방을 위한 것이 아니라 나 자신을 위한 것입니다.

예수님은 제자들에게 사랑하라는 말 만큼 중요한 비중으로 용서하라는 말씀을 많이 하셨습니다. 베드로 역시 예수님께서 용서

178

를 중요시 여기신다는 것을 알았던 것 같습니다. 베드로는 예수님께 묻습니다.

"주님, 내 형제가 나에게 자꾸 죄를 지으면 내가 몇 번이나 용서하여 주어야 합니까? 일곱 번까지 하여야 합니까?"

아마 베드로는 일곱 번이면 충분할 거라고 생각한 것 같습니다. 그런데 예수님의 대답이 놀랍습니다.

"일곱 번만이 아니라 일흔 번을 일곱 번이라도 하여야 한다."

누군가를 490번이라도 용서하라는 것은, 무조건 용서하라는 뜻이라는 생각이 듭니다. 이어서 예수님은 예화 하나를 말씀해 주십니다. 만 달란트 빚진 종이 왕 앞에 끌려옵니다. 그는 빚을 갚을 능력이 전혀 없습니다. 그 종은 왕 앞에 무릎을 꿇고 애원합니다. 왕은 그를 불쌍히 여기고 다 탕감해 줍니다.

얼마 후 그 종이 자기에게 백 데나리온 빚진 동료를 만납니다. 그는 동료의 멱살을 잡고 다 갚으라며 소리칩니다. 동료는 그에게 엎드려 간청을 하는데도, 빚진 돈을 다 갚을 때까지 동료를 옥에 가두어 버립니다. 다른 종들이 이 광경을 보고, 너무 딱하게 여겨 왕에게 다 일러바칩니다. 그 소식을 들은 왕이 화가 나서 말합니다.

"내가 너를 불쌍히 여긴 것처럼, 너도 네 동료를 불쌍히 여겼어야 할 것이 아니냐?"

왕은 그를 옥에 가두어 버립니다.

만 달란트와 백 데나리온은 비교조차 할 수 없는 액수입니다. 만 달란트는 육천 만 데나리온 정도라고 합니다. 백 데나리온은 겨우 노동자의 100일 품삯입니다. 자기는 헤아릴 수도 없는 엄청난 액수를 탕감 받고도, 동료에게는 몇 푼 안 되는 돈을 갚으라고 난리를 친 것입니다.

예화를 읽으며, '어떻게 그렇게 못 된 사람이 있어?'라고 생각했지만, 깊이 생각해 보니 그것이 나의 모습이었습니다. 예수님은 나를 구원하시기 위해 십자가에서 죽으시고, 나의 모든 죄를 용서해 주셨습니다. 내가 예수님께 받은 용서는 도저히 헤아릴 수 없는 것입니다. 그런데도 나는 다른 사람을 용서하는 데 너무나 인색합니다. 그러나 용서하지 않으면, 만 달란트 빚진 종처럼 엄청나게 큰 손해를 보게 되는 것입니다.

나는 성령님의 도움으로 용서를 선포했던 때가 생각났습니다. 그 사람을 용서하게 해 달라고 열심히 기도는 하면서도, 마음속에서는 그런 사람을 용서하는 것은 불가능하다고 생각하고 있었던 것 같습니다. 기도 중에 주님은 나 자신도 몰랐던 고집스런 나의 마음을 보여 주셨습니다. 그리고 바로 그날, 나의 의지와는 상관없는 선포가 저절로 흘러 나왔습니다.

"예수님의 이름으로 그를 용서할 것을 선포합니다. 주님께서 그를 죄 없다고 하시지 않을 터이니, 모든 것을 주님께 맡기고 자유로워지기를 원합니다."

그렇게 주님의 은혜로 용서를 선포하고 난 후, 홀가분했던 그 느낌을 잊을 수가 없습니다. 몸이 너무나 가벼워 날아갈 것 같았습니다. 마음속에 기쁨과 평화가 가득 찬 느낌이 들었습니다. 그리고 그 용서를 시작으로, 엄청난 은혜를 부어 주셨다는 것을 깨닫게 되었습니다. 용서하면 곱하기 백의 축복이 있을 거라고 말씀해 주셨던 L 목사님의 예언대로 놀라울 만큼 큰 영적 축복을 받게 되었습니다.

나는 그를 용서했지만, 내가 한 용서가 그에게는 어떤 영향을 끼쳤을까 생각해 보았습니다. 어쩌면 그는 내가 자기를 용서했다는 사실조차 모를 수도 있습니다. 용서를 함으로써, 그가 아니라 오히려 나 자신이 큰 유익을 누리고 있다는 생각이 들었습니다.

예수님은 우리에게 용서하라고 명하셨지만, 상대방의 회개를 조건으로 하지 않습니다. 용서는 상대방을 위한 것이 아니라, 나 자신을 위한 것이기 때문입니다. 상대방이 자기의 잘못을 회개하고 용서받는 것은, 나와는 아무런 상관이 없는 그 사람의 몫입니다.

예수님께서 내게 주신 헤아릴 수 없이 큰 용서의 축복과 함께, 내가 남을 용서하는 것 역시 큰 축복이라는 것을 배우게 하셨습니다.

예수님은 왜 무화과나무를
저주하셨을까요?

> 멀리서 잎이 무성한 무화과나무를 보시고, 혹시 그 나무
> 에 열매가 있을까하여 가까이 가서 보셨는데, 잎사귀밖
> 에는 아무것도 없었다. 무화과의 철이 아니었기 때문이
> 다. 예수께서 그 나무에게 말씀하셨다. "이제부터 영원히,
> 네게서 열매를 따 먹을 사람이 없을 것이다." 제자들이 예
> 수께서 말씀하시는 것을 들었다. (막11:13-14)

예수님과 제자들이 베다니를 떠나갈 때, 잎이 무성한 무화과나
무를 보십니다. 열매를 기대하고 가까이 가셨는데 열매가 없었습
니다. 무화과 철이 아니었기 때문입니다. 무화과 철이 아닌데 열
매가 없는 것은 당연한 일입니다. 예수님이 그 사실을 모르실 리
도 없을 텐데, 왜 나무를 저주하셨을까요? 나는 의아하긴 했지만,
내가 이해하지 못하는 무언가가 있을 거라고 생각했습니다.

이 사건은 안티기독교인들이 예수님을 공격하기 위해 빈번히
사용하는 내용입니다. 영국의 철학자 버트런드 러셀 역시 그의 저
서 '나는 왜 기독교인이 아닌가'에서, 예수님은 중대한 도덕적 결

함을 가지고 있는 사람이라고 비판했습니다.

"예수는 무화과가 열리는 철도 아닌데 열매가 열리지 않았다고 무화과를 저주해 시들어 버리게 한다. 나는 예수가 지혜로 보나 도덕성으로 보나 역사에 이름을 남긴 다른 사람만큼 높은 위치에 있다고 도저히 생각할 수 없다."

제대로 알지도 못하면서, 기독교와 예수님에 대해 신랄하게 비판하는 러셀의 글을 읽으며 너무나도 안타까운 마음이 들었습니다. 그러던 중에 이스라엘 선교사님이신 류모세 목사님의 말씀을 듣게 되었습니다. 오랫동안 풀 수 없었던 의문이 풀리자 얼마나 기뻤는지 모릅니다.

무화과는 4월부터 10월까지 총 5번 열매를 맺는다고 합니다. 유월절 무렵에 처음으로 풋 무화과 같은 작은 열매가 열리는데, 그 이름이 '파게'라고 합니다. 파게가 떨어져야만 달고 탐스러운 무화과 열매 '테에나'가 열리기 때문에, 파게는 아무나 따 먹도록 내버려 두었다고 합니다. 파게는 모양이 볼품없고 맛도 없지만, 그 당시 가난한 이스라엘 백성들에겐 너무나도 기다리던 먹거리였습니다. 가난한 예수님과 제자들도 이 파게로 시장기를 면하려 했던 것 같습니다.

이 내용에 모순이 있는 것처럼 보인 이유는, 헬라어나 영어나 한국어에는 '파게'와 '테에나'의 구별이 없이, 한 단어로 쓰기 때문이라고 합니다. 나는 댓글로 류모세 선교사님께 여쭈어보았습니다.

"마가는 파게와 테에나의 차이를 알면서도, 헬라어로 기록할 때

왜 아무런 설명을 하지 않았을까요?"

"그 당시 마가의 입장에서 본다면, 이 부분이 후세에 이렇게까지 문제가 되리라곤 생각하지 않았을 것 같은데요. 그에겐 너무나 당연한 거라서......"

선교사님의 말씀이 이해가 되었습니다. 그 당시의 독자들에게는 너무나 당연한 사실이라서 전혀 문제가 되지 않았을 것입니다. 2000년이 지난 후, 문화와 언어가 다른 독자들에게 난해구절이 될 거라고는 상상조차 하지 못했을 것입니다.

예수님이 시장하셔서 찾으셨던 열매는 '파게'였습니다. 그 때가 파게가 열리는 유월절 무렵이었기 때문입니다. 그러나 잎만 무성하고 열매는 없었습니다. '무화과의 철이 아니었기 때문이다.'고 쓰여 있는데, 제대로 된 무화과 '테에나'의 철이 아니었다는 의미입니다. '파게'가 열리지 않으면 '테에나'도 열릴 수 없다고 합니다. 파게가 떨어져야 테에나가 열리기 때문입니다. 예수님은 그 나무에 더 이상 열매가 열리지 않을 것을 아셨습니다. 과일나무로서는 더 이상 쓸모가 없는 나무였습니다.

그렇다 해도 아직은 생명이 있는 나무인데, 저주까지 하셔야 했을까 생각해 보았습니다. 예수님은 필요 없는 행동을 하시는 분이 아니기 때문에, 그 이유를 찾아보려고 본문의 앞과 뒤를 자세히 읽어 보았습니다.

예수님과 제자들은 새벽에 예루살렘으로 오셨다가 날이 저물면 베다니로 가서 묵으셨던 같습니다. 예수님께서 저주하셨던 무화과가, 그 다음 날 아침에 지나며 보니, 뿌리째 말라 있었습니다. 베드로가 말합니다.

"랍비님, 저것 좀 보십시오, 선생님이 저주하신 저 무화과나무가 말라 버렸습니다."

그러자 예수님이 말씀하셨습니다.

"하나님을 믿어라."

베드로의 말에 대한 예수님의 대답이 참 뜬금없다는 생각이 들었습니다. 무화과가 말라버린 사건과 하나님을 믿는 것이 무슨 연관이 있는 것인지 궁금했습니다.

예수님은 예루살렘에 입성하신 후, 성전을 깨끗하게 하십니다. 하나님의 집은 기도하는 집인데, 강도들의 소굴로 만들었다고 책망하십니다. 백성들과 지도자들의 믿음 없음을 개탄하십니다. 그런 가운데에서 유대 지도자들은 계속해서 예수님을 죽일 궁리를 합니다. 모든 사람의 마음을 꿰뚫어 보시는 예수님은 이런 모든 사실을 다 알고 계셨습니다.

무화과나무는 이스라엘을 상징하기도 합니다. 잎만 무성하고 열매가 맺히지 않는 무화과나무는 믿음이 없는 이스라엘 백성과 같습니다. 겉으로는 멀쩡하고 좋은 나무처럼 보이는데, 가까이 가서 보면 아무런 열매가 없습니다. 좋은 나무는 오직 열매로 알 수 있습니다.

예수님은 그 무화과나무를 시청각 교재로 사용하신 것입니다. 믿음이 없으면, 무화과나무가 말라 버린 것처럼 영원한 멸망의 심판이 임한다는 것을 보여 주신 것입니다. 그렇게 심판을 받지 않으려면, 하나님을 믿으라고 교훈을 주시는 것입니다. 그런 엄청난 교훈에 비하면, 열매 없는 무화과나무는 전혀 아까울 것 없는 가성비가 좋은 시청각교재입니다.

하나님의 큰일은
무엇을 의미하나요?

"그러나 성령이 너희에게 내리시면 너희는 능력을 받고
예루살렘과 온 유대와 사마리아에서, 그리고 마침내 땅
끝에까지 이르러 내 증인이 될 것이다." (행1:8)

예수님은 이 말씀을 하신 다음에 제자들이 보는 앞에서 하늘로
들려 올라가셨습니다. 제자들은 예수님의 모습이 구름에 싸여 더
이상 보이지 않을 때까지 하늘을 바라보고 있었습니다. 사랑하는
예수님을 떠나보내는 그들의 마음이 얼마나 허전하고 슬펐을지
짐작이 갑니다. 그때 흰 옷 입은 두 사람이 그들 곁에 서서 말했습
니다.

"갈릴리 사람들아, 어찌하여 하늘을 쳐다보면서 서 있느냐? 너
희를 떠나서 하늘로 올라가신 이 예수는 하늘로 올라가시는 것을
너희가 본 그대로 오실 것이다."

제자들은 천사들의 그 말에 큰 위로를 받았을 것입니다. 그들
은 예루살렘으로 돌아와 예수님께서 말씀하셨던 아버지의 약속을
기다립니다.

"너희는 예루살렘을 떠나지 말고, 내게서 들은 아버지의
약속을 기다려라. 요한은 물로 세례를 주었으나, 너희는
여러 날이 되지 않아서 성령으로 세례를 받을 것이다."

(행1:4-5)

그들은 예수님의 말씀에 순종하여, 함께 모여 온 마음을 다해
기도에 힘씁니다. 그때 모인 사람들이 120명 정도였다고 합니다.

드디어 열흘 후, 오순절 날, 예수님께서 말씀하신대로 그들은
성령으로 세례를 받게 됩니다. 강력한 성령의 임재를 체험하게 됩
니다. 성령의 바람소리와 성령의 불길이 임합니다. 모든 제자들이
성령 충만한 가운데 성령이 시키시는 대로 각각 방언을 말하게 됩
니다.

마침 그때 예루살렘에는 오순절을 지키기 위해 세계 각국에서
유대인들이 와 있었습니다. 방언으로 말하는 소리에 사람들이 몰
려들기 시작했을 것입니다. 120명이 다 방언을 말하고 있으니, 그
소리가 굉장했을 것입니다. 사람들은 제자들이 말하는 방언을 각
각 자기가 태어난 지방의 말로 들었습니다. 그러나 더러는 조롱하
면서 "그들이 새 술에 취하였다."고 말하는 사람들도 있었습니다.

기이한 일로 인해 사람들이 놀라서 어쩔 줄을 몰라 할 때, 베드
로가 열 한 사도와 함께 일어나서 그 일에 대한 해석을 해 줍니다.
베드로의 오순절 설교입니다.

베드로는 제자들이 술에 취한 것이 아니라, 하나님께서 예언자

요엘을 시켜서 하신 예언이 이루어진 것이라고 말합니다. '마지막 날에 내 영을 부어 주시겠다.'고 하신 말씀대로 그들이 하나님의 영을 받은 것이라고 말합니다.

그리고 베드로는 예수님에 대해 담대하게 증언합니다. 십자가에서 돌아가신 예수님이 다윗이 예언했던 메시아이고, 하나님께서 예수님을 죽음에서 살리셔서 부활하셨다고 말합니다. 그 예수님이 바로 우리의 주님이시고 그리스도라고 증언합니다. 말씀을 듣고, 그 날 하루에 삼천 명이 회개하고 세례를 받는 놀라운 일이 일어납니다.

나는 베드로의 설교를 읽으며, 정말 탁월한 설교라고 감탄을 했습니다. 성령님의 지혜로 적절한 성경구절들을 인용했고, 지혜와 성령이 충만한 설교라는 생각이 들었습니다. 그 때 뜻밖에도 성령님께서 말씀하셨습니다.

"베드로의 설교가 탁월한 것은 확실하다. 그러나 어떻게 설교 한 번에, 그토록 고집 센 자들이 예수님을 믿게 되겠느냐?"

"그럼 설교 외에도 무언가가 있다는 것입니까? 그게 무엇인가요?"

나는 사도행전 2장을 처음부터 다시 읽기 시작했습니다. 자세히 읽다 보니, 나의 눈을 멈추게 하는 구절이 있었습니다.

"우리는 저들이 하나님의 큰일들을 방언으로 말하는 것을 듣고 있소." (행 2:11)

189

나는 하나님의 큰일이 무엇을 의미하는 것인지 궁금해졌습니다. 그들이 방언을 듣고 놀라서 어쩔 줄을 몰랐다고 했는데, 그들을 그토록 놀라게 한 것은 무엇이었을까 생각해 보았습니다. 단순히 자기네 언어로 방언을 알아들은 정도를 가지고, 그토록 어쩔 줄 몰라 하지는 않았을 것입니다. '하나님의 큰일'의 내용에 놀란 것입니다. 유대인이라면 '하나님의 큰일'이 무엇을 의미하는지 일반적으로 알고 있었을 것이라는 생각이 들었습니다. 나는 '하나님의 큰일' 이라는 단어가 들어간 성경구절들을 찾아보았습니다. 다 찾을 수는 없었겠지만 '하나님의 큰일'이 무엇을 의미하는지는 대강 알 수 있었습니다.

> 그들을 이집트에서 구하여 내시려고 큰일을 하셨고, 주님의 백성이 보는 앞에서, 다른 민족과 그 신들에게서 그들을 친히 구원해 내시려고 이렇게 큰일을 하시었고, 주님의 땅에서 놀라운 일을 하셨습니다. (삼하 7:23)

> 이스라엘이 여호와께서 애굽 사람에게 베푸신 큰일을 보았으므로 백성이 여호와를 경외하며 여호와와 그 종 모세를 믿었더라. (출 14:31)

이 구절들은 여호와께서 이스라엘 백성을 이집트에서 구원해 내기 위해서 하신 일들을 말합니다.

주님께서 우리 편이 되시어 큰일을 하셨을 때에, 우리는
얼마나 기뻤던가! (시 126:3)

하나님께서 포로로 잡혀갔던 백성을 구원하셔서 예루살렘으로
돌아오게 하신 기쁨을 노래하고 있습니다.

"집으로 돌아가 하나님이 네게 어떻게 큰일 행하신 것을
일일이 고하라" 하시니, 저가 가서 예수께서 자기에게 어
떻게 큰일 하신 것을 온 성내에 전파 하니라. (눅 8:39)

거라사 지방에서 군대 귀신이 들렸던 사람이 귀신에서 풀려나
구원을 받은 내용입니다.

이 내용들을 보며 하나님이나 예수님께서 하신 '큰일'은 백성을
구원하시기 위해 하신 일들을 의미한다는 것을 알 수 있었습니다.
그렇다면 그들이 방언으로 들었던 '하나님의 큰일' 역시 구원에 대
한 내용이었다고 짐작할 수 있습니다. 그들은 동조하거나 침묵함
으로 예수님을 십자가에 못 박아 죽이는데 참여했습니다. 그 예수
님이 구원자라니 얼마나 놀라고 당황했을까요?

"우리는 저들이 하나님의 큰일들을 방언으로 말하는 것을
듣고 있소." 사람들은 모두 놀라 어쩔 줄 몰라서 "이게 도

191

대체 어찌된 일이오?"하면서 서로 말하였다. (행 2:11-12)

베드로가 설교를 하기 전부터, 그들은 이미 많이 놀라 있었고 어찌할 바를 모르고 있었습니다. 바로 그때 베드로가 그들이 저지른 잘못을 단호하게 지적합니다.

"그러므로 이스라엘 온 집안은 확실히 알아두십시오. 하나님께서는 여러분이 십자가에 못 박은 이 예수를 주님과 그리스도가 되게 하셨습니다."

그 말을 들은 사람들은 마음이 찔려서 어쩔 줄 몰라 하며 사도들에게 물어봅니다.

"형제들이여, 우리가 어떻게 하면 좋겠습니까?"

베드로는 그들에게 회개하고 예수님의 이름으로 세례를 받고, 죄를 용서받으면, 성령을 선물로 받게 된다고 말합니다.

예수님을 죽인 큰 죄를 지었다 해도, 회개하면 용서해 주시는 하나님의 사랑이 놀랍기만 합니다. 그렇게 마음에 찔림이 있었던 사람들은 다 용서받고 구원을 받게 되었습니다.

베드로가 설교를 하기 전에, 성령님은 이미 모든 것을 계획하시고 준비하신 것입니다. 유대인들이 많이 모이는 오순절 날 성령 강림을 계획하셨습니다. 제자들에게는 예루살렘에 머물며 성령으로 세례를 받을 때까지 기도하며 기다리게 하셨습니다. 그리고 유대인들이 듣고 찔려서 어쩔 줄 몰라 할 내용으로 방언을 준비하신 것입니다. 성령님은 베드로의 설교를 사용해 삼천 명이 구원

받는 시나리오를 쓰신 것입니다.

이 일이 이루어진 배경에는 백이십 명 제자들의 간절한 기도가 있었습니다. 기도로 힘을 모았던 모든 제자들과, 탁월한 설교를 했던 베드로는 주님의 도구로 쓰임을 받았을 뿐입니다. 사람들의 마음을 변화시키신 분은 성령님이십니다.

예수님은 구원에 관계되는 이 '큰일'에 특별히 관심이 많으십니다. 주님은 모든 사람이 다 구원 받기를 원하십니다.

> 하나님께서는 모든 사람이 다 구원을 얻고 진리를 알게
> 되기를 원하십니다. (디모데 전서 2:4)

모든 사람에 대한 하나님의 사랑이 얼마나 큰지 알 수 있는 구절입니다. 주님은 잃은 양 한 마리를 끝까지 책임지시는 분입니다. 그래서 구원 문제에 관심이 많으시고, 우리와 함께 일하기 원하십니다. 기도로 준비하고, 주님의 인도를 받으면, 주님께서 이미 만들어 놓으신 계획 속에서 일을 하게 되는 것입니다.

5

성령에 대한
질문들

아볼로가 모르고 있었던 것은 무엇인가요?

그런데 알렉산드리아 태생으로 아볼로라는 유대 사람이 에베소에 왔다. 그는 말을 잘하고, 성경에 능통한 사람이 었다. 그는 이미 주님의 '도'를 배워서 알고 있었고, 예수 에 관한 일을 열심히 말하고 정확하게 가르쳤다. 그렇지 만 그는 요한의 세례밖에 알지 못하였다. 그가 회당에서 담대히 말하기 시작하니, 브리스길라와 아굴라가 그의 말을 듣고서, 따로 그를 데려다가, 하나님의 도를 더 자세 하게 설명하여 주었다. (사도행전 18:24-26)

나는 이 구절을 읽으며, 아볼로가 모르고 있었던 것이 무엇일 까 곰곰이 생각해 보았습니다. 아볼로는 말을 잘하고, 성경에 능 통하고, 예수에 관한 일도 정확하게 가르쳤습니다. 그러나 무언가 가 부족했습니다. 브루스길라와 아굴라는 그의 설교를 듣고, 그것 을 금세 알아차렸던 것 같습니다. 그를 따로 불러서 하나님의 도 를 더 자세하게 설명하여 줍니다. 그 후 아볼로는 고린도로 가서 사역을 합니다.

아볼로가 고린도로 떠난 후, 사도행전 19장에 사도 바울이 에베소로 옵니다. 그는 거기서 몇몇 제자들을 만나서 성령을 받았느냐고 물어봅니다. 그러나 그들은 성령이 있다는 말을 들어 보지도 못했고, 요한의 세례만 받았다고 대답합니다. 바울은 세례요한의 세례는 예수를 믿기 위한 회개의 세례라는 것을 자세히 설명을 해줍니다. 그들은 예수님의 이름으로 세례를 받게 되고, 동시에 성령세례도 받게 됩니다.

> 이 말을 듣고 그들은 주 예수의 이름으로 세례를 받았다. 그리고 바울이 그들에게 손을 얹으니, 성령이 그들에게 내리셨다. 그래서 그들은 방언으로 말하고 예언을 했는데, 모두 열두 사람쯤 되었다. (행19:5-7)

에베소의 제자들이 드디어 성령세례를 받게 된 것입니다. 그들은 세례요한의 세례만 받은 상태였는데, 일찍이 요한은 자기보다 뒤에 오시는 예수님이 불과 성령으로 세례를 주실 것이라고 예언했습니다.

> 나는 너희를 회개시키려고 물로 세례를 준다. 내 뒤에 오시는 분은 나보다 더 능력이 있는 분이시다. 나는 그의 신을 들고 다닐 자격조차 없다, 그는 너희에게 성령과 불로 세례를 주실 것이다. (마 3:11)

나는 19장을 읽으며, 아볼로가 모르고 있었던 부분이 '성령'이라는 것을 깨닫게 되었습니다. 그는 말씀에는 능통했고, 예수에 관한 일도 잘 가르쳤지만, 성령에 대해서는 전혀 모르고 있었던 것입니다. 그래서 그가 가르친 제자들 역시 성령이 있다는 말을 들어 보지도 못했다고 대답하고 있습니다. 아볼로가 브루스길라와 아굴라를 만난 것은 큰 축복이며, 하나님의 섭리라는 생각이 듭니다. 아볼로가 그들을 만나지 않았다면 성령을 모른 채 사역을 했을 것이고, 주위에 잘못된 영향력을 끼쳤을 것입니다. 사실 그 시대에는 완성된 성경이 없었으니, 잘 모를 수도 있었을 것 같습니다. 그러나 지금은 완성된 성경이 있으니, 성령에 대해서 바른 이해가 있어야 되리라 생각합니다.

성경에서는 성령에 대해서 뭐라고 말하나요?

성령님은 누구신가요?

1. 성령님은 예수님의 영, 하나님의 영이십니다.

> 말하는 이는 너희가 아니라, 너희 안에서 말씀하시는 아버지의 영이시다. (마 10:20)

> 하나님의 영이 여러분 안에 살아 계시면, 여러분은 육신 안에 있지 않고, 성령 안에 있습니다. 누구든지 그리스도의 영이 없으면, 그리스도의 사람이 아닙니다. 또한 그리스도께서 여러분 안에 살아 계시면, 여러분의 몸은 죄 때문에 죽은 것이지만, 영은 의 때문에 생명을 얻습니다. 예수를 죽은 사람들 가운데서 살리신 분의 영이 여러분 안에 살아 계시면, 그리스도를 죽은 사람들 가운데서 살리신 분께서, 여러분 안에 계신 자기의 영으로 여러분의 죽을 몸도 살리실 것입니다. (로마서 8:9-11)

여러분은 하나님의 성전이며, 하나님의 성령이 여러분 안에 거하신다는 것을 알지 못합니까? (고전3:16)

그러므로 나는 여러분에게 알려 드립니다. 하나님의 영으로 말하는 사람은 아무도 "예수는 저주를 받아라."하고 말할 수 없고, 또 성령을 힘입지 않고서는 아무도 "예수는 주님이시다."하고 말할 수 없습니다. (고린도 전서 12:3)

그런데 여러분은 자녀이므로, 하나님께서 그 아들의 영을 우리의 마음에 보내 주셔서 우리가 하나님을 "아빠, 아버지" 하고 부를 수 있게 하셨습니다. (갈4:6)

아시아에서 말씀을 전하는 것을 성령이 막으시므로, 그들은 브루기아와 갈라디아 지방을 거쳐가서, 무시아 가까이 이르러서, 비두니아로 들어가려고 하였으나, 예수의 영이 그것을 허락하지 않으셨다. (사도행전 16:6-7)

성령님은 우리 안에 내주하시는 분입니다. 위의 성경 구절들을 보면, 아버지의 영, 하나님의 영, 예수님(그리스도)의 영, 예수를 죽은 사람들 가운데서 살리신 분의 영, 예수를 죽은 사람들 가운데서 살리신 분, 그리스도, 성령이 다 한 분 하나님이심을 나타내고 있습니다. 즉 성령은 하나님의 영이고, 예수님의 영입니다. 위의 구절들을 통해, 성부 하나님, 성자 예수님, 성령 하나님이 삼위일체 한 분 하나님이라는 것을 알 수 있습니다.

2. 성령님은 진리의 영이십니다.

> 그는 진리의 영이시다. 세상은 그를 보지도 못하고 알지도 못하므로, 그를 맞아들일 수가 없다. 그러나 너희는 그를 안다. 그것은 그가 너희와 함께 계시고, 또 너희 안에 계실 것이기 때문이다. (요14:17)

> 내가 아버지께로부터 너희에게 보낼 보혜사 곧 아버지께로부터 오시는 진리의 영이 오시면 그 영이 나를 위하여 증언하실 것이다. (요15:6)

> 그 분 진리의 영이 오시면 그가 너희를 모든 진리 가운데로 인도하실 것이다. 그는 자기 마음대로 말씀하지 않으시고, 듣는 것만 일러 주실 것이요, 앞으로 올 일들을 너희에게 알려 주실 것이다. (요한복음 16:13)

3. 성령님은 영원히 우리와 함께 계시는 보혜사입니다.

> 내가 아버지께 구하겠다. 그리하면 아버지께서 다른 보

혜사를 너희에게 보내셔서 영원히 너희와 함께 계시게
하실 것이다. (요한복음 14:16)

보혜사, 곧 아버지께서 내 이름으로 보내실 성령께서, 너
희에게 모든 것을 가르쳐 주실 것이며, 또 내가 너희에게
말한 모든 것을 생각나게 하실 것이다. (요한복음 14:26)

내가 아버지께로부터 너희에게 보낼 보혜사 곧 아버지께
로부터 오시는 진리의 영이 오시면 그 영이 나를 위하여
증언하실 것이다. (요15:6)

예수님은 십자가에 돌아가시기 전에 다른 보혜사를 보내 주시
겠다고 약속하셨습니다. 다른 보혜사란 하나님께서 예수님의 이
름으로 보내실 성령입니다. 보혜사 성령님은 하나님의 말씀을 가
르쳐 주시고, 생각나게 해 주십니다. 예수님 대신으로 영원히 우
리와 함께 하시는 분입니다. 예수님은 "내가 떠나가는 것이 너희
에게 유익하다."고 말씀하셨습니다. 육신을 가지신 예수님은 사람
과 함께 하실 때, 시간과 공간의 제한을 받으셨지만, 영으로 오신
예수님은 무소부재 하신 분입니다. 예수님을 믿는 모든 사람에게,
언제 어디서나 어떤 상황에도 성령님이 함께 해 주십니다.

보혜사는 도와주시는 분, 보호하시는 분, 위로하시는 분, 변호
해 주시는 분, 상담해 주시는 분, 대언자라는 의미입니다. 그 보혜

사 성령님이 내 안에서 항상 나를 인도하시고 보호해 주십니다.

4. 성령님은 인격체이십니다.

성령님은 삼위일체 하나님이시고, 예수님의 영, 하나님의 영이
시니, 당연히 인격체이십니다. 성령께서 바람처럼, 불처럼 또는
비둘기의 형체로 나타나시고, 성령세례를 받으면 능력이 나타나
기 때문에, 성령은 인격체가 아니고 하나님의 힘, 또는 에너지라
고 말하는 사람들이 있습니다. 또 내리신다, 임하신다, 부어 주신
다, 등의 성령에 대한 표현 때문에 인격체가 아니라고 말하는 사
람들도 있습니다. 그러나 인간의 상식 속에 성령님을 제한하고 가
두어서는 안 됩니다. 삼위일체 하나님이 어떤 방식으로 한 분 하
나님이신지는 이해할 수 없는 신비의 영역입니다. 유한한 인간은
크고 무한한 하나님에 대해서 극히 일부분만을 이해할 수 있습니
다. 그것도 성령님께서 알게 하시고 보여주시는 한도 안에서만 깨
달을 수 있습니다.
성경을 자세히 살펴보면, 성령님은 지성, 감성, 의지를 가지신
인격체입니다. 인격체이신 성령님을 나타내는 성경구절들을 일
부 찾아보았습니다.

말씀하십니다. ((마10:20, 행8:29, 행10:19-20, 행11:12, 행13:2,
행28:25, 딤전4:1, 히3:7, 계2:11, 계2:17, 계2:29, 계3:6, 계3:13, 계

3:22, 계14:13)

생각나게 하고, 깨우치시고 가르치십니다. (요14:26, 요16:8-11, 고전2:13)

은사를 주십니다. (고전12:11)

거룩하게 하시고, 의롭게 하십니다. (고전6:11, 살후2:13, 벧전1:2)

증언하십니다. (요15:26, 히10:15)

인도하시고, 도우십니다. (요16:13, 행8:39-40, 행13:4, 행20:22, 빌1:19)

말하게 하십니다. (눅12:12, 행2:4)

막으십니다. (행16:6-7)

탄식하고, 슬퍼하십니다. (로마서 8:26, 이사야 63:10, 에베소서 4:30)

성도를 대신해서 간구하십니다. (로마서 8:26-27)

성령님이 하시는 일

1. 천지만물을 창조하셨습니다.

태초에 하나님이 천지를 창조하셨다. 땅이 혼돈하고 공허하며, 어둠이 깊음 위에 있고, 하나님의 영은 물 위에 움직이고 계셨다. (창1:1-2)

하나님이 말씀하시기를 "우리가 우리의 형상을 따라서, 우리의 모양대로 사람을 만들자. 그리고 그가 바다의 고기와 공중의 새와 땅 위에 사는 온갖 들짐승과 땅 위를 기어 다니는 모든 길짐승을 다스리게 하자" 하시고 (창1:26)

성령님은 삼위일체 하나님으로서, 성부하나님, 성자하나님과 함께 천지만물을 창조하셨습니다.

2. 영원한 생명, 구원을 주십니다.

그것은 그리스도 예수 안에서 생명을 누리게 하는 성령의 법이 당신을 죄와 죽음의 법에서 해방하여 주었기 때문입니다. (로마서 8:2)

육신에 속한 생각은 죽음입니다. 그러나 성령에 속한 생각은 생명과 평화입니다. (롬8:6)

또한 그리스도께서 여러분 안에 살아 계시면, 여러분의 몸은 죄 때문에 죽은 것이지만, 영은 의 때문에 생명을 얻습니다. 예수를 죽은 사람들 가운데서 살리신 분의 영이 여러분 안에 살아 계시면, 그리스도를 죽은 사람들 가운데서 살리신 분께서, 여러분의 죽을 몸도 살리실 것입니

다. (로마서 8:10-11)

부활이며 생명이신 예수님의 영, 즉 성령이 우리 안에 계심으로, 우리 또한 영원한 부활의 생명을 가지게 됩니다.

3. 하나님의 자녀임을 보증하십니다.

> 여러분은 또 다시 두려움에 빠뜨리는 종살이의 영을 받은 것이 아니라, 자녀로 삼으시는 영을 받았습니다. 그래서 우리는 그 영으로 하나님을 "아빠, 아버지" 라고 부릅니다. 바로 그 때에 그 성령이 우리의 영과 함께, 우리가 하나님의 자녀임을 증언하십니다. (로마서 8:15-16)

> 하나님의 영으로 인도함을 받는 사람은 누구나 하나님의 자녀입니다. (롬8:14)

> 하나님께서는 또한 우리를 자기의 것이라는 표로 인을 치시고, 그 보증으로 우리 마음에 성령을 주셨습니다. (고린도 후서 1:22)

예수님의 영이신 성령님이 우리 안에 계시기 때문에, 우리는 예수님과 연합되었고, 예수님과 똑같은 자격을 가지게 됩니다. 예수님이 하나님의 아들이면, 우리도 하나님의 자녀입니다. 예수님이 하나님을 아빠, 아버지라고 부르면, 우리도 그렇게 부를 수 있습니다. 우리 안에 성령님이 계시다는 것은, 우리가 구원 받은 하나님의 자녀라는 확실한 증거입니다.

4. 믿는 자에 내주하십니다.

> 여러분은 하나님의 성전이며, 하나님의 성령이 여러분 안에 거하신다는 것을 알지 못합니까? (고전3:16)

> 여러분의 몸은 여러분 안에 계신 성령의 성전이라는 것을 알지 못합니까? 여러분은 성령을 하나님으로부터 받아서 모시고 있습니다. 여러분은 여러분 자신의 것이 아닙니다. (고전6:19-20)

5. 예수님이 누구신지 알게 하고, 진리 가운데로 인도하십니다.

> 그 분 진리의 영이 오시면 그가 너희를 모든 진리 가운데로 인도하실 것이다. 그는 자기 마음대로 말씀하지 않으시고, 듣는 것만 일러 주실 것이요, 앞으로 올 일들을 너희에게 알려 주실 것이다. (요한복음 16:13)

아버지께서 가지신 것은 다 나의 것이다. 그렇기 때문에 내가 성령이 나의 것을 받아서 너희에게 알려 주실 것이라고 말한 것이다. (요한복음 16:15)

하나님께서는 성령을 통하여 이런 일들을 우리에게 계시해 주셨습니다. 성령은 모든 것을 살피시니, 곧 하나님의 깊은 경륜까지도 살피십니다. (고전2:10)

6. 우리의 약함을 도와주시고, 대신 간구해 주십니다.

이와 같이, 성령께서도 우리의 약함을 도와주십니다. 우리는 어떻게 기도해야할 지도 알지 못하지만, 성령께서 친히 이루 다 말할 수 없는 탄식으로 우리를 대신하여 간구하여 주십니다.
사람의 마음을 꿰뚫어 보시는 하나님께서는 성령의 생각이 어떠한지를 아십니다. 성령께서 하나님의 뜻을 따라, 성도를 대신하여 간구하시기 때문입니다. (롬 8:26-27)

온갖 기도와 간구로 언제나 성령 안에서 기도 하십시오. 이것을 위하여 늘 깨어서 끝까지 참으면서 모든 성도를 위하여 간구하십시오. (에베소서 6:18)

성령님은 우리가 약할 때 위로와 힘을 주십니다. 어떻게 기도할지 모를 때에도, 성령 안에서 기도를 인도하십니다. 우리의 속마음을 우리 자신보다도 더 잘 아시는 분입니다. 잘못을 깨닫게 하시고, 회개의 기도를 하게 하십니다. 기도를 인도해 주시고, 하나님의 뜻에 따른 기도를 하게 해 주십니다.

7. 하나님의 말씀과 생각을 깨달을 수 있도록 계시하십니다.

하나님께서는 성령을 통하여 이런 일들을 우리에게 계시해 주셨습니다. 성령은 모든 것을 살피시니, 곧 하나님의 깊은 경륜까지도 살피십니다. 사람 속에 있는 그 사람의 영이 아니고서야, 누가 그 사람의 생각을 알 수 있겠습니까? 이와 같이, 하나님의 영이 아니고서는, 아무도 하나님의 생각을 깨닫지 못합니다. (고전 2:10-11)

성경의 저자이신 성령님은 성경말씀과 하나님의 뜻을 아시는 완전한 인도자입니다. 말씀을 읽으며 이해가 안 될 때, 기도하면 깨닫게 해 주십니다.

8. 예수님을 중언하는 삶을 살게 하십니다.

내가 아버지께로부터 너희에게 보낼 보혜사 곧 아버지께

로 부터 오시는 진리의 영이 오시면, 그 영이 나를 위하여 증언하실 것이다. (요한복음 15:26)

그러나 성령이 너희에게 내리시면, 너희는 능력을 받고, 예루살렘과 온 유대와 사마리아에서, 그리고 마침내 땅 끝에까지 이르러 내 증인이 될 것이다. (행1:8)

9. 성령의 열매를 맺게 하십니다.

그러나 성령의 열매는 사랑과 기쁨과 화평과 인내와 친절과 선함과 신실과 온유와 절제입니다. 이런 것들을 막을 법이 없습니다. (갈 5:22-23)

성령의 인도를 받는 삶을 살게 되면, 성령의 열매를 맺게 됩니다. 성령의 열매는 예수님의 성품입니다. 예수님을 닮아가는 삶을 살게 되는 것입니다. 예수님으로 인해 영원한 생명을 얻었고, 이 세상에서도 기쁨과 평화를 누리는 풍성한 삶을 살 수 있게 됩니다.

10. 성령의 은사(능력)를 주십니다.

각 사람에게 성령을 나타내 주시는 것은 공동 이익을 위한 것입니다. 어떤 사람에게는 성령을 통하여 지혜의 말씀을 주시고, 어떤 사람에게는 같은 성령을 따라 지식의 말씀을 주십니다. 어떤 사람에게는 같은 성령으로 믿음을 주시고, 어떤 사람에게는 같은 성령으로 병 고치는 은사를 주십니다. 어떤 사람에게는 기적을 행하는 능력을 주시고, 어떤 사람에게는 예언하는 은사를 주시고, 어떤 사람에게는 영을 분별하는 은사를 주십니다. 어떤 사람에게는 여러 가지 방언을 말하는 은사를 주시고, 어떤 사람에게는 그 방언을 통역하는 은사를 주십니다. 이 모든 일은 한 분이신 같은 성령이 하시며, 그는 원하시는 대로 각 사람에게 은사를 나누어 주십니다. (고전 12:7-11)

이 말씀에 쓰여 있는 9가지 성령의 은사는 성령께서 매 번 나타나 주셔야만 나타나는 신령한 성령의 은사입니다. 개인이 가지고 있는 특기와 같은 일반적인 은사도 하나님이 주신 것이지만, 성령의 은사는 성령님께서 매 번 능력을 나타내서야만 가능한 은사입니다. 예를 들면 치유의 은사를 받은 사람이 기도한다고, 병이 낫는 것은 아닙니다. 성령님께서 능력을 나타내서서 고쳐 주셔야 낫는 것입니다. 방언 또한 성령님께서 매번 혀를 건드려 말하게 해서야만 말할 수 있게 됩니다. 여기에서 말하는 지혜의 은사, 지식의 은사, 믿음의 은사 역시 일반적으로 우리가 가지고 있는 것이 아닌, 성령님께서 부어 주실 때 나타나는 특별한 은사를 말합니다.

11. 성령 충만하게 하십니다.

그들은 모두 성령으로 충만하게 되어서, 성령이 시키시는 대로 각각 방언으로 말하기 시작하였다. (행2:4)

그 때에 베드로가 성령이 충만하여 그들에게 말하였다. (행4:8)

그들이 기도를 마치니, 그들이 모여 있는 곳이 흔들리고, 그들은 모두 성령으로 충만해서, 하나님의 말씀을 담대히 말하게 되었다. (행4:31)

그런데 스데반이 성령이 충만하여 하늘을 쳐다보니, 하나님의 영광이 보이고, 예수께서 하나님의 오른 쪽에 서 계신 것이 보였다. (행7:55)

바나바는 착한 사람이요, 성령과 믿음이 충만한 사람이었다. 그래서 많은 사람이 주님께로 나아왔다. (행11:24)

술에 취하지 마십시오. 거기에는 방탕이 따릅니다. 성령의 충만함을 받으십시오. (엡5:18)

예수님의 십자가의 죽음과 부활을 믿고 구원을 받은 성도에게 는 성령님이 내주하십니다. 성령 충만은 성령님이 자기 안에 계신 것을 믿는 믿음으로 시작합니다. 안에 계신 성령님을 항상 의식하 며, 모든 일에 성령님의 다스림을 받는 것입니다. 성령님의 다스 림을 받으면, 성경말씀이 완전한 하나님의 말씀으로 믿어지고, 말 씀에 순종하게 됩니다.

성령 충만을 주시는 분은 하나님이십니다. 성령 충만하기 위해 서는 내 안에 계신 성령님을 주인으로 모시는 결단이 필요합니다. 나의 모든 생각과 의지를 버리고, 성령님의 다스림을 받고, 하나 님의 말씀에 완전히 순종하겠다는 결단입니다. 그런 결단의 기도 를 하면, 성령님은 나를 다스리시게 되고 나는 성령 충만하게 되 는 것입니다.

성령 충만한 삶을 살다가도, 연약한 우리는 죄를 짓기도 하고, 세상일에 빠져 말씀과 기도 생활을 게을리하기도 합니다. 그럴 때 마다 잘못을 회개하고, 다시 하나님께 순종하겠다는 결단을 해야 합니다. 성령 충만은 한 번의 결단으로 끝나는 것이 아니라, 지속 적으로 성령 충만할 수 있도록 계속 기도하며 구해야 합니다. 성 령 충만의 세 가지 포인트는 말씀 묵상과 기도와 순종입니다. 그 리고 또 하나의 중요한 포인트는 모든 삶 속에서 24시간 성령님을 의식하며 사는 것입니다.

위로부터 오는
능력이란 무엇인가요?

제자들을 새로운 피조물로 창조하셨습니다

예수님이 부활하신 첫 날 저녁, 제자들은 유대사람들이 무서워서 문을 모두 닫아걸고 있었습니다. 두려움도 컸겠지만, 기둥처럼 의지하던 스승을 잃은 상실감과 슬픔으로 가득 차 있었을 것입니다. 그러나 한편으로는, 부활하신 예수님을 봤다는 사람들의 말이 사실이기를, 간절히 바랐겠지요.

막막함 속에 빠져 있는 제자들 앞에, 예수님이 갑자기 쑥 나타나셨습니다. 그리고 "너희에게 평화가 있기를!" 하고 인사를 하십니다. 이 장면에서 저절로 미소가 지어집니다. 그 순간 제자들의 마음이 어땠을까 상상해 봅니다. 놀랍고, 기쁘고, 세상을 다 가진 느낌이었을 것 같습니다. 마음속에 저절로 평화가 가득 채워졌을 것입니다. 사실 예수님의 존재 자체가 평화입니다. 예수님이 주는 평화는 세상의 것과는 다른 평화입니다. 죄와 죽음에서 자유롭게 되고, 단절되었던 하나님과의 관계가 회복되는, 완전하고 영원한 평화입니다. 영원한 하늘나라의 소망으로 인해, 이 세상의 어려움도 이길 수 있는 평화입니다.

예수님은 기뻐하고 있는 제자들에게 특이한 행동을 하십니다.

> 이렇게 말씀하신 다음에, 그들에게 숨을 불어 넣으시고
> 말씀하셨다. "성령을 받아라." (요 20:22)

예수님께서 제자들에게 숨을 불어 넣으신 것은, 그들을 새로운 피조물로 창조하는 행위입니다. 첫 창조 때, 하나님이 흙으로 사람을 지으시고, 코에 생기를 불어넣어 생명체가 된 것처럼, 제자들은 영적으로 새로운 생명체로 태어난 것입니다. 그들은 부활하신 예수님을 만났고, 예수님을 나의 주님, 나의 하나님으로 고백했으니 성령이 내주하게 되었습니다.

그렇다면 이미 성령을 받았고, 그들 안에 성령이 내주하고 있는데, 왜 또 아버지의 약속을 기다리라고 하셨을까요? 왜 성령으로 세례를 받을 것이라고 하셨을까요? 잘 이해할 수가 없었습니다. 나는 사도행전 1장 4절 말씀을 깊이 묵상하며, 깨닫게 해 주시기를 간절히 기도했습니다.

> "너희는 예루살렘을 떠나지 말고, 내게서 들은 아버지의
> 약속을 기다려라. 요한은 물로 세례를 주었으나 너희는
> 여러 날이 되지 않아서 성령으로 세례를 받을 것이다."
> (행 1:4)

성령님의 인도로 맛디아가 뽑혔습니다

위의 말씀을 묵상하며 기도하는 중에, 죽은 가룟 유다를 대신해서 새로운 제자를 뽑는 장면이 떠올랐습니다. 나는 이 말씀이 무슨 관련이 있는 것일까 생각하며, 처음부터 자세히 읽어 보았습니다. 예수님이 승천하신 후, 제자들은 말씀에 순종하여 예루살렘으로 돌아옵니다. 그들은 다락방에 함께 모여 간절한 마음으로 기도를 드립니다. 그 때 베드로가 일어서서 말합니다. 가룟 유다의 자리를 대신할 사람을 뽑아야 한다는 것입니다. 베드로는 확실히 성령님의 인도로 그 일을 깨달았습니다. 기도를 열심히 할 때 말씀이 생각났고, 그 말씀을 통해 주님의 뜻이 무엇인지를 알게 되었습니다. 그들은 기도하면서 성령의 인도를 받고 두 사람을 후보로 세웠습니다. 그리고 다시 기도합니다.

> "모든 사람의 마음을 다 아시는 주님, 주님께서 이 두 사람
> 가운데서 누구를 뽑아서, 이 섬기는 일과 사도직의 직분
> 을 맡게 하실 지를, 우리에게 보여 주십시오." (행1:24-25)

모든 제자들은 예수님에 대한 확실한 믿음과 신뢰가 있었고, 사도직에 대한 사명감도 가지고 있었습니다. 그렇게 성령님의 인도로 맛디아가 뽑히게 되었고, 열두 사도가 채워졌습니다. 그들은 이미 모든 일에 구체적으로 성령님의 인도를 받고 있었습니다. 성

216

령님이 내주하시기만해도 이렇게 성령님의 인도를 받을 수 있다는 것을 알 수 있습니다.

이 사건은 예수님의 승천과 성령강림이라는, 엄청난 사건 사이에 끼어 있어서, 그 중요성이 가려져 있었다는 생각이 들었습니다.

성령세례는 성령의 은사?

이 사실을 깨닫고 나니, 많은 구절들이 새롭게 해석되고, 성령님의 영향력에 대해서도 새로운 이해가 생기는 게 놀랍다는 생각이 들었습니다. 예수님을 진심으로 믿으면 성령을 받게 되고, 성령님이 내주하게 됩니다. 성령님이 내주하시니, 기도와 말씀을 통해 성령님의 인도를 받게 됩니다. 그렇다면 예수님은 이미 성령을 받은 제자들에게, 왜 아버지의 약속을 기다리라고, 곧 성령으로 세례를 받을 것이라고 하셨을까요? 성령으로 세례를 받는다는 것이 어떤 의미인지 구절들을 찾아보았습니다.

> 그러나 성령이 너희에게 내리시면 너희는 능력을 받고,
> 예루살렘과 온 유대와 사마리아에서, 그리고 마침내 땅
> 끝까지 이르러 내 증인이 될 것이다. (행1:8)

> 보아라, 나는 내 아버지께서 약속하신 것을 너희에게 보

낸다. 그러므로 너희는 위로부터 오는 능력을 입을 때까

지, 이 성에 머물러 있어라. (눅24:49)

여기서 예수님이 말씀하시는 아버지의 약속, 곧 성령 세례는
'위로부터 오는 능력'을 말한다는 것을 알 수 있습니다. 나는 '위로
부터 오는 능력'이라면 성령의 은사일 거라고 생각했습니다.

제자들은 예수님의 말씀에 순종하여, 함께 모여서 한 마음으로
간절히 기도합니다. 드디어 오순절 날 놀라운 일이 일어납니다.
성령이 강하게 임하는 가운데, 아버지가 약속하신 성령 세례를 받
게 됩니다. 위로부터 오는 능력인 성령의 은사를 받게 된 것입니
다. 그들은 모두 성령으로 충만하게 되어서, 성령이 시키시는 대
로 각각 방언으로 말하기 시작합니다. 그런데 각국에서 온 유대사
람들이 각각 자기네 지방 말로 제자들이 말하는 것을 보고 놀랐습
니다.

그 때 베드로가 그 놀라운 현상에 대해 설명합니다. 베드로는
십자가에 죽으시고 부활하신 예수님이 우리의 주님이며 그리스도
라고 증언합니다. 그 예수님께서 약속하신 성령을 받아서 부어 주
신 것이, 지금 보고 있는 현상이라고 설명합니다.

하나님께서는 이 예수를 높이 올리셔서, 자기의 오른쪽
에 앉히셨습니다. 그는 아버지로부터 약속하신 성령을
받아서 우리에게 부어 주셨습니다. 여러분은 지금 이 일

을 보기도 하고 듣기도 하고 있는 것입니다. (행 2:33)

이 일은 하나님께서 예언자 요엘을 시켜서 말씀하신 대로 된 것입니다.
'하나님께서 말씀하신다. 마지막 날에 나는 내 영을 모든 사람에게 부어 주겠다. 너희의 아들들과 너희의 딸들은 예언을 하고, 너희의 젊은이들은 환상을 보고, 너희의 늙은이들은 꿈을 꿀 것이다. 그 날에 나는 내 영을 내 남종들과 내 여종들에게도 부어 주겠으니, 그들도 예언을 할 것이다.' (행 2:16-18)

예수님이 기다리라고 하신 아버지의 약속이 예언자 요엘을 통해 예언하셨던 말씀이라는 것입니다. 여러 번 읽었던 말씀이라서, 무심코 읽곤 했었는데, 그 약속들을 내게도 다 이루어 주셨다는 사실에 깜짝 놀랐습니다. 꿈, 방언, 환상, 예언, 그 모든 은사들을 다 부어 주셨는데, 한 번이 아니고 여러 번에 걸쳐 부어 주셨다는 사실이 너무 신기합니다. 처음에 은사를 주시고, 계속해서 성령을 부어 주셔서, 은사가 성숙하고 발전하게 하셨다는 생각이 듭니다. 이렇게 아버지의 약속과 성령세례는 단 한 번 부어 주시는 것이 아니고 진행형이라는 사실을 깨닫게 되었습니다. 그 사실을 알게 되니, 사도행전에 나오는 성령을 선물로 받는다거나, 성령 세례, 또는 성령이 내리신다, 등등의 표현들이 더 이상 혼동이 되지 않았습니다. 필요에 따라 부어 주시는, 한 성령님의 역사이기 때문입니다. 아버지는 약속한 성령을 아버지가 만족하실 때까지 계속해서 반복적으로 부어 주기를 원하십니다.

예수님을 영접하면 성령님이 우리 안에 내주하게 됩니다. 그러나 성령님이 내 안에 계신 것만으로 만족해서는 안 됩니다. 위로부터 부어 주기 원하시는 성령의 능력을 계속해서 사모해야 한다는 것을 깨달았습니다. 성령세례는 계속해서 반복적으로 이루어지기 때문입니다.

성령의 은사만으로는 부족합니다

제자들이 그 막중한 사역들을 감당하기 위해서는 위로부터 임하는 성령의 능력이 필요하다는 것을 예수님은 아셨습니다. 그래서 예루살렘을 떠나지 말고 성령을 기다리라고 하셨습니다. 그렇게 성령을 내려 주시며, 교회 공동체가 탄생 되었고, 계속 부어 주시는 성령의 능력으로 교회는 굳건하게 세워져 갈 수 있었습니다. 처음 방언의 은사를 시작으로, 제자들에게 성령의 강력한 은사들이 계속해서 나타납니다. 병이 치유되고, 놀라운 표적과 기사들이 나타나고, 귀신이 쫓겨 나갑니다. 사도들은 담대하게 말씀을 선포하고, 하루에 삼천 명, 오천 명이 믿고 구원받는 역사가 일어납니다. 예수님의 제자들을 통해 계속해서 이어지는 이 놀라운 사도행전의 역사는 바로 성령님의 능력에 의한 것입니다. 그러나 사도행전을 읽다보면, 예수님께서 말씀하시는 '위로부터 오는 능력'은 성령의 은사만을 말하는 것이 아니라는 것을 깨닫게 됩니다.

위로부터 오는 능력은 성령의 은사와 성령의 열매를 다 포함합니다

그 당시의 제자들은 모두 성령이 충만했습니다. 성령 충만하면 성령의 능력과 성령의 열매가 함께 나타나게 됩니다. 베드로가 설교하는 모습만 봐도, 그의 성품이 완전히 변화되어 있습니다. 예전 같았으면, 술 취했다고 조롱하는 사람들에게 화를 냈을 텐데, 침착하게 참으며 절제하고 있습니다. 설교 내용 속에 영혼에 대한 사랑과 안타까움이 담겨 있습니다. 제자들은 병자들을 불쌍히 여기고, 자비와 선한 마음을 가지고 고쳐줍니다. 이기심과 욕심이 사라지고, 모든 재산을 공유하며, 주위사람들에게도 칭찬을 받게 됩니다. 마음속에 기쁨과 평안이 넘칩니다. 그들은 예수님의 이름 때문에 오래 참고, 충성하고, 절제합니다. 죽음조차도 두려워하지 않고 담대하게 예수님을 증언합니다. 예수님의 이름 때문에 핍박받는 것을 오히려 기쁘게 여깁니다. 성령의 열매들이 겉으로도 드러나게 열리고 있습니다.

그 힘든 사역들을 성령의 은사만으로는 감당할 수 없었을 것입니다. 그래서 사도 바울은 고린도 전서 13장에서 예수님의 성품인 사랑을 강조하고 있습니다. 사랑 없는 은사는 아무런 힘이 없고, 아무런 유익도 없습니다. 모든 성령의 열매는 이 사랑 속에 다 포함될 수 있다는 생각이 듭니다.

위로부터 내리는 능력인 성령세례를 받으면, 우리는 성령 충만하게 됩니다. 성령 충만은 성령의 은사와 성령의 열매가 다 포함되어 있는 하나님의 능력입니다.

방언과 예언,
유익한 은사인가요?

고린도 전서 14장 말씀을 잘못 이해하고, 방언에 대해 부정적인 해석을 하게 되는 경우가 있습니다. 14장을 제대로 이해하려면, 그 당시 고린도 교회에 있었던 문제점을 알아야만 합니다. 그래야 사도 바울이 14장을 쓴 의도를 제대로 이해할 수 있습니다. 사도 바울은 방언과 예언에 대해 어떻게 말하고 있을까요?

방언은 하나님께 성령으로 비밀을 말하는 기도

14장 26절 이하를 보면, 그 당시 고린도 교회의 예배 모습을 짐작해 볼 수 있습니다. 공중예배 때에, 여러 사람들 앞에서 방언을 하고 예언도 하고 있습니다.

사도바울은 방언은 하나님께 말하는 기도의 은사이며, 사람들 앞에서 말하라고 주신 은사가 아니라는 것을 계속해서 강조하고 있습니다.

14:2 방언으로 말하는 사람은 사람에게 말하는 것이 아니라 하나님께 말하는 것입니다. 아무도 그것을 알아듣지 못합니다. 그는 성령으로 비밀을 말하는 것입니다.

하나님께 말한다는 것은, 방언이 기도의 은사라는 의미입니다. 아무도 알아듣지 못하고, 하나님만 알아들으시는 은밀한 기도입니다. 그런데 고린도 교회에서는, 기도의 은사인 방언을 통역도 없이 공중예배 때에 말했던 것입니다. 하나님만 알아들을 수 있는 방언을, 알아듣지 못하는 사람들 앞에서 하는 것은 잘못되었다는 것을 사도 바울은 지적하고 있는 것입니다.

6절 형제자매 여러분, 내가 여러분에게 가서 방언으로 말하고, 계시나 지식이나 예언이나 가르침을 전하는 방식으로 말하지 않는다면, 여러분에게 무슨 유익이 되겠습니까?

만약 사도 바울이 복음을 전하거나 말씀을 가르칠 때, 방언으로 했다면 아무도 알아듣지 못하니, 전혀 유익이 없었을 거라는 말입니다. 그래서 사도 바울은 가르칠 때에는 절대로 방언을 사용하지 않았다는 의미입니다. 이 말씀은 방언을 폄하한 것이 아닙니다. 방언을 의사 전달의 목적으로 사용하면 안 된다는 의미입니다.

9절 이와 같이 여러분도 방언을 사용하기 때문에 분명한 말을 하지 않는다면 그 말이 무슨 뜻인지 남이 어떻게 알 수 있겠습니까? 결국 여러분은 허공에다 대고 말하는 셈이 될 것입니다.

알아듣지도 못하는 방언으로 남들 앞에서 말한다면, 의사 전달이 안 됩니다. 아무도 뜻을 알아듣지 못하니, 마치 허공에다 말하는 것이나 마찬가지라는 것입니다.

19절 그러나 나는, 방언으로 만 마디 말을 하기보다도, 다른 사람을 가르치기 위하여 나의 깨친 마음으로 교회에서 다섯 마디 말을 하기를 원합니다.

방언으로 만 마디를 한다 해도 아무도 알아듣지 못합니다. 그러니 다른 사람을 가르치기 위해서는, 다섯 마디를 하더라도 알아듣는 말로 가르쳐야 한다는 의미입니다. 이 말씀은 방언을 하지 말라는 의미가 아니라, 가르칠 때는 방언이 아닌 알아듣는 말로 해야 한다는 의미입니다. 사도 바울은 방언은 기도의 은사이니까, 의미 전달의 목적으로 사용하지 말라고, 반복적으로 강조해서 말하고 있습니다.

14장 전체의 내용을 자세히 읽어 보면, 사도바울은 방언이 유익하다는 것을 말하고 있습니다. 그는 방언을 **'하나님께 성령으로 비밀을 말하는 것'**이라고 정의했습니다. 사람의 생각이나 의지로 하는 기도가 아니라, 성령의 주도로 이루어지는 기도입니다. 즉 완전히 성령님의 뜻이 담겨 있는 기도라는 것입니다. 사도 바울이 정의한 이 방언의 의미만을 생각해 보아도, 방언이 얼마나 귀한 은사인지 깨달을 수 있을 것입니다. 모든 성령의 은사는 하나님께서 주신 선물이기에 다 귀하고 유익합니다.

방언은 기초적인 은사로, 숫자적으로도 많은 사람들에게 나타납니다. 그래서 하찮게 여기는 경우가 있습니다. 그러나 기초적인 은사라는 것은, 다른 은사보다 열등하다는 의미가 아닙니다. 방언이 기도의 은사이기 때문입니다. 모든 하나님의 일은, 기도를 기초로 시작되어야 하기 때문입니다. 대부분 기도의 은사인 방언을 시작으로, 다른 은사들이 열리는 것을 보게 됩니다.

방언은 자기에게 덕을 끼치는 기도

4절 방언으로 말하는 사람은 자기에게만 덕을 끼치고, 예언하는 사람은 교회에 덕을 끼칩니다.

방언이 자기에게만 덕을 끼친다고 한 것은, 기도의 은사이기 때문에 자기에게 유익하다는 뜻입니다. 방언은 하나님과 깊고 은밀한 관계를 가지는 혼자만의 은사이기 때문입니다. 사도 바울은 방언이 개인에게 덕을 끼친다는 것을 인정하고 있습니다. 그래서 5절에 **'여러분이 모두 방언으로 말할 수 있기를 내가 바랍니다.'**고 말합니다.

고린도 교회에는 방언을 하는 사람들이 많았고, 은사를 가진 사람들 중에 교만한 사람들이 많았던 것 같습니다. 상대적으로 방언을 못하는 성도들은 주눅이 들어 있었을 것입니다. 그래서 사도 바울은 방언을 못하는 성도들을 대상으로, 모두 방언하기를 바란다고 말하고 있습니다. 그리고 자기가 누구보다도 방언을 많이 한다고 자신 있게 말합니다.

18절 나는 여러분 가운데 누구보다도 더 많이 방언을 말할 수 있음을 하나님께 감사합니다.

방언기도가 유익이 없다면, 사역하기에도 바빴을 사도 바울이 그토록 방언기도를 많이 하지는 않았을 것입니다. 그는 방언의 유익을 깊이 체험했다는 것을 알 수 있습니다. 방언이 개인에게 덕을 끼친다면, 결국에는 개인들이 모인 교회에 덕이 되는 것입니다.

많은 사람들이 방언을 받고도, 그 유익을 깊이 체험하지 못하는 것은, 제대로 방언기도를 하지 않았기 때문입니다. 방언기도에는 시간의 투자가 필요합니다. 방언의 은사를 받고도 사용을 안 하면, 더 이상 못하게 됩니다. 계속해서 많은 시간을 방언으로 기도할 때, 방언의 유익을 깊이 체험할 수 있고, 방언통역이나 예언의 은사로 이어지게 됩니다.

은사를 넘치게 받기를 힘쓰십시오.

5절 여러분이 모두 방언으로 말할 수 있기를 내가 바랍니다마는, 그보다는 예언할 수 있기를 더 바랍니다. 방언을 누가 통역하여 교회에 덕을 끼치게 하지 않으면 방언으로 말하는 사람보다, 예언하는 사람이 더 훌륭합니다.

예언하는 사람이 방언하는 사람보다 더 훌륭하다는 말은, '은사' 자체에 대한 비교가 아닙니다. '은사를 받은 사람'에 대한 비교입니다. 공공예배에서는 알아듣지 못하는 방언을 말하는 것은 아무런 유익이 없고, 예언은 알아들을 수 있으니 더 유익합니다. 대부분의 경우 방언이 먼저 나타나고, 믿음이 더 성숙한 사람들에게 예언의 은사가 나타납니다. 대부분 방언을 시작으로, 방언통역이나 예언의 은사를 받게 됩니다.

그러나 일부 고린도 교인들은 방언만을 하면서도 많이 교만했던 것 같습니다. 교만은 영적 성장에 가장 큰 걸림돌입니다. 성도가 영적으로 성장하지 않고, 그 자리에 머무른 채 자랑만 하고 있다면, 교회에 많은 문제를 일으키게 됩니다. 그래서 사도 바울은 그들이 영적으로 성숙하기를 바라고 있는 것입니다. 방언을 못하는 사람은 모두 방언을 하기 바라지만, 방언을 하는 데에만 머물러 있지 말고, 예언의 은사와 방언통역의 은사를 구하라고 말하고 있습니다.

사도 바울은 은사를 넘치게 받기를 힘쓰라고 말합니다. 성령의 은사를 열심히 구하는 것은 욕심이 아니라 영적으로 성장하는 것입니다.

12절 이와 같이 여러분도 성령의 은사를 갈구하는 사람들이니, 교회에 덕을 끼치도록, 그 은사를 더욱 넘치게 받기를 힘쓰십시오.

예언하기를 열망하십시오

사도 바울은 14장 전체에서 예언의 은사를 구하라고 여러 번 말하고 있습니다. 예언이 그만큼 유익한 은사이기 때문입니다.

1절 사랑을 추구하십시오. 신령한 은사를 열심히 구하십시오. 특히 예언하기를 열망하십시오.

4절 예언하는 사람은 교회에 덕을 끼칩니다.

5절 여러분이 모두 방언으로 말할 수 있기를 내가 바랍니다마는, 그보다도 예언할 수 있기를 더 바랍니다..............방언으로 말하는 사람보다 예언하는 사람이 더 훌륭합니다.

39절 그러므로 나의 형제자매 여러분, 예언하기를 열심히 구하십시오.

예언의 은사는 하나님의 뜻을 알게 되는 은사입니다. 성령님이 친히 말씀해 주신다는 사실 자체가 엄청난 감격이며, 기적입니다. 성령님과 친밀하게 교제함으로 하나님을 더 사랑할 수 있게 되는 은사입니다. 남에게 유익을 끼치기 이전에, 자기 자신에게 큰 유익이 있습니다.

3절 그러나 예언하는 사람은 사람들에게 말하는 것입니다. 그는 덕을 끼치고, 위로하고, 격려하는 말을 합니다.

보통 예언의 은사를 미래를 알게 되는 은사라고 생각합니다. 물론 특정한 사람을 택하셔서 미래를 예언하는 사명을 주시기도 합니다. 그러나 대부분 하나님의 말씀을 듣고, 하나님의 뜻을 알고, 주님과 깊은 교제를 할 수 있게 되는 은사입니다. 하나님의 마음을 헤아리게 되면, 그 사랑을 힘입어 주위 사람을 위로하고 격려할 수 있게 됩니다.

방언을 통역할 수 있기를 기도하십시오.

13절 그러므로 방언으로 말하는 사람은 그것을 통역할 수 있기를 기도

하십시오.

방언을 주셨으면, 통역의 은사를 주시는 것은 당연한 일입니다. 방언은 성령님께서 해 주시는 기도이기 때문에, 통역이 되면 성령님의 기도 내용을 알게 되는 것입니다. 통역의 은사를 받으려면, 방언을 주신 것에 감사하며, 많은 시간을 방언으로 기도해야 합니다. 특정한 사역자에게는 다른 사람의 방언이 통역되기도 하지만, 대부분 자기 방언이 통역됩니다. 방언 통역 역시 예언이나 다른 은사들처럼 부분적인 은사입니다. 다 통역되는 것이 아니라, 주님께서 허용하신 만큼만 부분적으로 통역이 되기 때문입니다.

우리는 부분적으로 알고 부분적으로 예언합니다. (고전 13:9)

모든 일을 질서 있게 해야 합니다.

39-40절 그러므로 나의 형제자매 여러분, 예언하기를 열심히 구하십시오, 그리고 방언으로 말하는 것을 막지 마십시오. 모든 일을 적절하게 하고 질서 있게 해야 합니다.

사도바울은 예언의 은사를 다시 한번 적극적으로 권하고 있습니다. 그리고 방언하는 것을 막지 말라고 말하고 있습니다. 고린도 전서 14장은 고린도 교회 성도들에게, 모든 일을 적절하고 질서 있게 해야 한다고 권면하는 편지입니다. 모든 성경은 그 시대의 사람들에게만 국한된 교훈이 아닙니다. 현재의 우리에게 주시는 말씀도 되는 것입니다.

방언은 성령이 시키는 대로 말하는 기도

어느 목장 모임에서 한 성도님이 물었습니다.

"사도행전 2장에서는 사람들이 알아듣는 방언을 했는데, 지금은 왜 알아듣지 못하는 방언을 하나요?"

나는 언어방언을 체험한 적이 있었기에 그 질문에 쉽게 대답할 수 있었습니다.

사도행전 2장 4절에 **"그들은 모두 성령으로 충만하게 되어서, 성령이 시키는 대로, 각각 방언으로 말하기 시작하였다."**고 쓰여 있습니다. 방언은 사람의 의지와는 상관없이 성령께서 말하게 시키시는 기도입니다. 어떤 식의 말이 나올지 전혀 알 수 없습니다. 사도행전 2장에는 남들이 알아들을 수 있는 언어방언이 나왔습니다. 사람들에게 어떤 메시지를 전하기 위해 언어방언을 주신 것입니다. 그러나 나중에 그들이 혼자서 기도할 때는, 다른 방언으로 바뀌었을 수도 있습니다. 방언을 많이 하는 사람들은 방언이 계속 바뀌는 것을 경험하게 됩니다.

　성도들이 일반적으로 하는 기도 방언은 사도바울이 14장에서 말한 것처럼 아무도 알아들을 수 없습니다. 성령으로 하나님께 비밀을 말하는 것이기 때문입니다. 그러나 성령님의 뜻에 따라, 언어방언으로 바뀌는 경우도 있습니다. 방언은 나의 의지로 하는 것이 아니라 성령께서 시키시는 대로 하는 것이기 때문입니다.

　한 번은 파리에서 유학을 하고 있는 동생을 위해 기도하는데, 내가 불어로 말하고 있다는 것을 알 수 있었습니다. 뜻을 알지는 못했지만, 불어를 잠깐 배운 적이 있었기 때문에, 불어라는 것은 알 수 있었습니다. 동생을 위한 기도가 끝나자, 방언은 원래대로 바뀌었습니다. 성령님은 이렇게 언어방언을 체험하게 하셨고, 방언에 대해 조금 더 이해할 수 있도록 해 주셨습니다.

　언어방언은 대부분 어떤 메시지를 전해야 되거나, 교훈을 주기 원할 때 주십니다. 선교지에서 복음을 전할 때, 언어 방언의 체험을 하셨다는 선교사님들의 간증을 자주 들을 수 있습니다. 방언의 종류가 따로 있다기보다는, 성령님께서 시키시는 대로 말하게 되는 것입니다. 한 성령님께서 시키는 대로, 언어방언을 말할 수도 있고, 알아듣지 못하는 방언을 할 수도 있습니다.

　이렇게 성령님이 주관하시는 영적 세계는 신비로 가득 차 있습니다. 은사를 사모하는 것은 신비한 영적 세계로 들어가는 하나의 문이라는 생각이 듭니다.

내가 체험한 방언의 유익

영적 체험은 항상 주관적이고 부분적인 것이기에, 내가 체험한 것을 전부라고 생각하거나 일반화해서는 안 된다고 생각합니다. 그러나 내가 누린 방언의 유익이 너무나도 크고 엄청나기 때문에, 다른 사람들과 나누고 싶다는 생각을 하게 됩니다.

1. 방언을 하며 내 안에 성령님이 계시다는 것을 확실히 믿을 수 있었습니다.

나는 방언을 많이 사모하다 받았기 때문에 그때의 감격을 잊을 수가 없습니다. 집회 마지막 날이었는데, 나의 미지근한 믿음 이대로는 안 되겠다는 생각이 들었습니다. 성령을 체험하고 싶었고, 확신 있는 믿음을 통해 새롭게 변화되고 싶었습니다. 나는 방언을 달라고 간절히 절박하게 부르짖었습니다. 그때처럼 나의 마음이 낮아지고, 가난했던 때는 없었던 것 같습니다. 나는 울면서 기도하다가 어느 순간부터는 계속해서 "불쌍히 여겨주세요." 라는 말만 반복하고 있었습니다. 나중에는 그저 "불쌍히, 불쌍히" 라는 말만 나왔습니다. 그 때 어떤 힘이 나의 온몸을 감싸는 느낌이 들었습니다. 입술이 저절로 움직이며 알 수 없는 소리가 흘러나오고 있었습니다. 황홀감으로 온 몸이 공중에 붕 떠 있는 기분이었습니다. 나는 드디어 방언을 받았다는 것을 알았고, 신비한 영적 세계에 발을 들여 놓았다는 생각이 들었습니다. 주체할 수 없는 기쁨과 감사가 마음속에 가득 채워지는 느낌이었습니다.

사도바울은 '방언을 말하는 자는 자기의 덕을 세운다'고 하셨습니다. 방언을 받고 나니, 그 말씀이 무슨 의미인지 알 것 같았습니다. 방언은 나의 믿음 생활에 큰 전환점을 가져다 주었습니다. 비로소 예수님을 깊이 만났다는 고백을 할 수 있었기 때문입니다.

나는 너무 감사해서 방언으로 하루 두세 시간 이상 기도했던 것 같습니다. 잠시라도 틈만 나면 기도를 하고 싶어서 견딜 수가 없었습니다. 기도를 하면서도 성령님이 친히 내 혀를 매 번 터치하고 계신다는 것이 너무나 신기하고 감사했습니다. 성령님께서 내 안에서 나와 항상 함께 하신다는 사실을 24시간 느낄 수 있었습니다.

2. 성경말씀이 완전한 진리로 믿어졌습니다.

성령님이 내 안에 있다는 것이 믿어지니, 모든 성경말씀이 진리라는 것을 확실히 믿을 수 있었습니다. 창세기 1장 하나님의 천지창조가 믿어지니, 성경에 나오는 모든 기적들은 저절로 믿을 수 있었습니다. 무에서 유를 창조하신 능력의 하나님께는 불가능이 전혀 없기 때문입니다. 이제는 하나님의 능력을 전혀 제한하지 않게 됩니다. 하나님은 어떤 일이라고 하실 수 있는 능력이 있기 때문입니다.

예수님의 십자가의 죽음과 부활, 예수님이 하신 모든 말씀들이 확실한 진리로 믿어졌습니다. 전에는 예수님이 나의 죄 때문에 죽으셨다는 것이 실감나지 않았는데, 내가 믿고 구원 받았다는 사실만큼 큰 기적은 없다는 생각이 들었습니다. 어떻게 나 같은 죄인이 구원받았는지, 그 사실을 깊이 묵상하면 할수록 감격의 눈물을 흘릴 수밖에 없었습니다. 더구나 아무런 자격이 없는 나에게 이런 귀한 은사까지 주셨다니, 매일매일 놀라고, 감탄하고, 감사하며, 사랑의 고백을 드렸습니다.

방언을 받은 후로 성경을 읽는 것이 즐겁게 느껴졌습니다. 집중이 잘 되고 이해도 잘 되는 것이 정말 신기했습니다. 이해가 안 될 때, 기도를 하면 깨닫게 되는 경우가 많았습니다.

말씀을 읽는 것은 주님과의 깊은 교제라는 것을 알 수 있었습니다. 성경 말씀을 지식적으로 알아가는 것도 좋았지만, 묵상하는 과정에서 성령님과의 깊은 교제가 이루어지는 것을 체험할 수 있었습니다. 말씀은 깊은 곳에 숨어 있던 나의 생각들을 드러내주고, 나의 감정과 상태를 알게 해줍니다. 나 자신보다 나를 잘 아시는 주님을 통해, 나를 점검하고, 인도를 받게 됩니다.

3. 주님의 뜻에 따른 기도를 하게 됩니다.

사도 바울은 방언을 '하나님께 성령으로 비밀을 말하는 것' 이라고 정의했습니다. 성령님께서 나를 통해 기도해 주시는 것입니다. 당연히 나의 뜻이 아니라, 주님의 뜻에 따른 기도를 하게 되는 것입니다. 처음에는 내가 하는 방언의 뜻을 전혀 모르지만, 방언기도를 오래 하다보면 부분적으로 어떤 기도를 하고 있는지 알게 됩니다. 그러다보니 나의 기도가 점점 주님의 뜻에 따른 기도로 바뀌는 것을 느끼게 됩니다.

"오늘도 주님께서 제 기도를 인도해 주세요."라는 말로 기도를 시작합니다. 방언은 입에서 저절로 나오고, 내 마음의 기도를 병행하게 됩니다. 그러다 보면 내 마음의 기도가 지극히 단순하고 솔직하게 바뀌는 것을 느끼게 됩니다. 성령님은 나 자신보다도 나에 대해서 더 잘 아시는 분이시니, 형식적이고 추상적인 말을 늘어놓을 필요가 없습니다. 나의 과거와 현재와 미래까지도 아시고, 완벽한 판단을 하시는 분입니다. 당연히 나의 뜻이 이루어지는 것보다, 주님의 뜻이 이루어지는 것이 내게 유리하다는 것을 깨닫게 됩니다.

그런데도 주님은 항상 나의 마음을 존중해 주신다는 것을 느끼게 됩니다. 항상 내가 중요시 여기는 기도제목들부터 기도하게 하십니다. 가끔 전혀 생각지도 않았던 기도가 떠오를 때가 있는데, 그것을 통해 성령님께서 내 마음의 기도를 인도하고 계신다는 것을 알게 됩니다.

도대체 어떻게 기도해야 될지 알 수 없는 기도제목들도 많이 있습니다. 그 때는 그저 방언으로만 기도합니다. 때로는 전혀 통역이 되지 않을 때도 있지만, 성령님의 뜻에 따른 기도라고 믿기 때문에 평안함을 누릴 수 있습니다. 방언기도를 하면서, 로마서 8장

26절의 말씀이 비로소 이해가 되었습니다. 가끔 기도할 때, 분명 내 감정이 아닌 것 같은데 지나치게 안타깝고 슬퍼서 울 때가 있습니다. 그것이 성령님의 탄식이라는 것을 느낄 수 있었습니다.

> 이와 같이, 성령께서도 우리의 약함을 도와주십니다. 우리는 어떻게 기도해야 할지도 알지 못하지만, 성령께서 친히 이루 다 말할 수 없는 탄식으로, 우리를 대신하여 간구하여 주십니다. (로마서 8:26)

4. 오랜 시간을 기도할 수 있습니다.

나는 개인 기도를 할 때 시작부터 방언으로 하는데, 즉시 깊은 기도로 들어가는 것을 느낍니다. 기도하는 내내 주님과 깊이 교제하고 있다는 것을 느끼게 됩니다. 주님께서 나를 얼마나 사랑하시는지를 온몸으로 실감하게 됩니다. 손이 저절로 올라가기도 하고, 몸을 따스하게 감싸 주시기도 합니다. 때로는 손발에 짜릿짜릿한 감각을 주시기도 합니다. 입안을 박하사탕처럼 화하고 기분 좋은 느낌으로 가득 채워 주시기도 합니다. 또 기도하는 동안 환상을 주시기도 하고, 내면의 음성으로 말씀해 주시기도 합니다.

남편은 방언기도를 할 때 두 손을 높이 올리고 합니다. 기도를 시작하면 어김없이, 밤하늘에 가득한 반짝이는 별들의 환상이 나타나서, 기도하는 시간이 즐겁다고 합니다. 남편이 의식적으로 손을 내리면 다시 저절로 올라간다고 합니다. 한 두 시간 이상을 기도하면서도, 팔이 아프지도 않은지 항상 두 손을 올리고 있습니다.

방언기도의 큰 장점 중의 하나는 기도를 오래 할 수 있다는 것입니다. 한 시간 이상을 해도 전혀 지루하지 않고, 기도할 내용을 계속 떠올려 주십니다. 그러다보니 중보기도를 많이 할 수 있게 됩니다.

처음에 방언을 받았을 때는 하루가 다르게 방언 소리가 새롭게 변하는 것이 재미있었습니다. 그래서 나는 이왕이면 듣기 좋은 소리로 방언을 하게 해 달라고 기도했습니다. 그 기도를 들어 주셔서 방언이 하루하루 유창해졌습니다. 매일매일 기대와 기쁨과 감사로 기도를 시작할 수 있었습니다.

5. 방언을 시작으로 다른 은사들이 열리게 됩니다.

방언 받은 것이 너무 기뻐서 하루 두세 시간씩을 방언으로 기도하다 보니, 비교적 빨리 다른 은사들을 받게 된 것 같습니다. 사도 바울은 방언하는 사람은 방언통역하기를 구하고, 예언하기를 열심히 구하라고 말했습니다. 나는 그 말씀을 읽고, "저도 예언주세요, 방언통역 주세요."하고 어린아이처럼 단순하게 기도했던 것 같습니다. 그렇게 기도하다 보니 어느 날 나도 모르는 사이에 나의 방언이 부분적으로 통역되었고, 예언의 은사도 받게 되었습니다.

예언의 은사를 주시는 방법은 다 다르겠지만, 나에게 주신 방법에 대해 나누고 싶습니다. 나와 비슷한 방법으로 예언을 받은 분들이 많다고 들었습니다. 방언으로 한 시간 이상을 기도하고 있었던 것 같습니다. 나는 분명히 방언으로 말하는데 이상하게, 한국말이 튀어 나왔습니다. 처음에는 "사랑한다. 내 딸아." "너는 내 것이다." 같은 간단한 말씀들이었는데, 혹시 내가 인위적으로 한 것이 아닐까 하는 의심이 들었습니다. 그러나 반복될수록 내가 일부러 하는 말이 아니라는 것을 확실히 알 수 있었습니다. 나중에는 입으로 발음되어 나오지 않아도, 내면의 생각처럼 뚜렷하게 들렸습니다.

방언통역의 은사는 방언으로 기도한 내용이 번갈아 가며 한국말로 통역이 되기도 하고, 방언의 내용이 마음속에서 알게 되기도 합니다. 그러나 모든 기도가 통역이 되는 것은 아니고, 일부분만 통역이 됩니다. 지혜로운 성령님이 판단하셔서, 필요한 부분만 통역이 되는 것 같습니다.

방언통역이나 예언의 은사는 주님의 뜻을 알게 되는 은사입니다. 하나님의 마음을 알려 주시고, 말씀을 깨닫게 해 주시고, 서로 깊은 교제를 나눌 수 있게 되는 은사입니다. 그렇게 유익한 은사들이 방언을 통해서 열린 것입니다. 사도바울 역시 방언기도를 누구보다 많이 했고, 방언의 유익을 잘 알고 있었던 분입니다.

그렇게 사도 바울이 여러 번 강조하며 권했던 은사들이니, 예수님을 믿고 성령을 받은 모든 성도들이 이 신령한 은사를 사모했으면 좋겠습니다. 그래서 모든 사람이 방언과 예언의 유익을 풍성하게 누릴 수 있기를 바랍니다.